Renato Bruni

WAS IST DENN DA IM BUSCH?

WISSENSCHAFT IM GARTEN

Aus dem Italienischen von
Johannes von Vacano

Atlantik

HOFFMANN
UND CAMPE

Ein Unternehmen der
GANSKE VERLAGSGRUPPE

INHALT

ZUSATZINFORMATIONEN UND WISSENSWERTES

PFLANZEN SIND KOMPLIZIERTE GESCHÖPFE

Im Dickicht eines Kastanienwäldchens betrachte ich mit gesenktem Kopf meine erdigen Schuhe. Sie stecken in einem Mosaik aus vertrockneten Blättern, erhellt vom Licht, das durch die Zweige scheint. Ich suche Pilze, ohne jeden Erfolg, aber in dem Augenblick, in dem meine Frau mich mit einem ganzen Korb voller Beute verhöhnt, erlebe ich mein *Heureka*: In genau diesem Moment sprießt die erste Wurzel dieses Buches.

Ich befasse mich seit fast zwanzig Jahren mit Pflanzen, aber für gewöhnlich beobachte ich sie im künstlichen und vereinfachten Kontext des Labors. Das hat meinen Blick alles andere als geschult, wenn es darum geht, Butter-Röhrlinge im Unterholz aufzustöbern, einer Umgebung, die voller Zeichen steckt und von denen viele trügerisch sind. »Du bist ein Experte, was die Theorie über Pflanzen angeht, aber du weißt nichts über die Praxis«, scherzt meine Begleiterin, während sie mit einem Stock im Mulm herumstochert, »schau mal da, links neben deinem Schuh, den hübschen Steinpilz, siehst du den gar nicht?« Obwohl ich mich linkisch in meine Ecke des Boxrings zu retten versuche, indem ich darauf hinweise, dass Pilze keine Pflanzen sind, weiß ich doch ganz genau, dass sie recht hat (mit dem Steinpilz und mit der Theorie).

Ihr Satz erinnert mich an ein Erlebnis: Ich stehe mit meinem Großvater in seinem großen Garten, über uns die Sonne. Er hat ihn mit viel Ellbogenschmalz nach und nach urbar gemacht, gedüngt mit dem gesunden Menschenverstand des Weitergesagtbekommens und mit einem Hauch althergebrachten Aberglaubens gewässert. Ich höre seine Stimme, die mich auffordert, nach unten zu sehen, während ich ihm helfe, unerwünschte Gräser aus einem Beet voller Zinnien zu jäten. »Pflanzen sind komplizierte Geschöpfe«, sagt er, »du wirst sie nicht verstehen, wenn du sie nicht aus der Nähe betrachtest, indem du dich hinunterbeugst, den Kopf senkst und auf den Boden blickst. Schau auf deine Schuhe statt in die Luft, wenn du mir helfen möchtest.« Seit damals hat der Garten gute und schlechte Zeiten erlebt, und jetzt, da dem Großvater die Kraft fehlt, hinterher zu sein, siechen die Beete verwahrlost vor sich hin. In der Zwischenzeit war ich weggezogen und hatte auch nicht mehr die Zeit, das Ruder zu übernehmen. Dabei habe ich mein Leben ganz in den Dienst der Pflanzen gestellt und bewege mich auf einem Kurs, der die großväterliche Aufforderung auf die Spitze getrieben hat: Ich betrachte diese komplizierten Geschöpfe aus immer größerer Nähe, ja, ich schlüpfe beinahe hinein! Während ich also zu meinen Füßen nach diesem verflixten Pilz suche, der im Gewimmel von Blättern und vertrockneten Zweigen Verstecken spielt, wird mir bewusst, dass ich vielleicht auch an einer ganz eigenen Form von Pflanzenblindheit leide, einer Wahrnehmungsstörung, die dazu führt, alles Pflanzliche als eine Art Fahrstuhlmusik aufzufassen, die man hört, ohne sie zu bemerken, sie gleitet einem übers Trommelfell, ohne Spuren in der Erinnerung zu hinterlassen.

Ich blicke also in meinen trostlos leeren Korb und ich habe, vielleicht wegen der feuchten Hitze, die einem den Atem raubt, den Eindruck, dass mein Großvater, meine Frau und ich dabei sind, jeweils etwas zu verpassen, das unser Erleben voller gestalten könnte, sei es im Garten, im Gemüsebeet, im Park oder im Labor – und selbst bei den großen Entscheidungen unseres Lebens. Wir gewöhnen uns die tagtägliche Auseinandersetzung mit dem biologisch Anderen ab, indem wir das Leben mit einer Hierarchie versehen: Pflanzen stellen hier die »Basis« dar und versorgen die »weiter entwickelten« Tiere, darunter die Menschen. Dabei sind die unterschiedlichen Leben aller Organismen miteinander in einem ganzen Netzwerk von Interdependenzen verwoben. Dadurch verpassen wir die Gelegenheit, im Umgang mit einem künstlich geschaffenen Raum wie einem Garten rationaler und nachhaltiger zu handeln. Im Grunde ist es eine Denkweise, die uns eine Reihe von Phänomenen als geheimnisvoll erscheinen lässt, die eigentlich Teil der ganz normalen Mechanismen des Lebens sind und die nichts von ihrer Faszination einbüßen, wenn man die Erklärungen liest, die in Dutzenden Studien zu Zier- und sonstigen Pflanzen erarbeitet worden sind. Auf je unterschiedliche Weise bringt unsere eingeschränkte Sicht uns drei dazu, Gärten als Erweiterung unseres häuslichen Wohnraums zu betrachten, in der wir Blüten, Schnitten und Keimen unseren sozialen Rhythmus, unsere Ästhetik und unsere kulturell bedingten Bedürfnisse aufzwingen; dazu, uns wie Herren zu verhalten statt als Tischgäste, sodass wir unbewusst inmitten von Töpfen und Beeten dieselben Verhaltensweisen wiederholen, die wir an anderer Stelle als ökologisch untragbar verdammen. Gleichzeitig hat meine ganz persönliche Beschränkung mich und andere Stadtmenschen dazu gebracht, den Kontakt mit der physischen Substanz eines Waldes und eines Spatens zu verlieren. Dabei vergessen wir, dass Zier- und Gemüsegärten eine vorzügliche Schnittstelle zwischen uns und der Umwelt darstellen, einen Fitnessraum für den Verstand und eine herrliche Brücke zwischen Theorie und Praxis, Urbanem und Wildem, Wissenschaft und Emotion, Lokalem und Globalem, Verstand und Instinkt, Ökologie und Gesellschaft, Ästhetik und Funktion, Perfektion und Chaos.

Es scheint, als wäre die Schuld für diese selektive Kurzsichtigkeit Pflanzen gegenüber nicht nur bei der zeitgenössischen Kultur zu suchen, bei den leidenschaftslosen Erforschern modernen Wissens, bei unkomplizierten Großvätern oder pragmatischen Ehefrauen.

Ich wühle vorsichtig links von meinem Schuh im Boden, während ich den Blick senke, aber den höhnischen kleinen Steinpilz kann ich einfach nicht finden. Stattdessen denke ich darüber nach, wie dieses parasitäre Pflänzchen überleben kann, das ich etwas weiter drüben erspäht habe und von dem ich meine, es bereits einmal in irgendeinem Buch gesehen zu haben. Es ist gelblich und beinahe durchsichtig, und ich sinniere darüber, wie eine Pflanze ohne Chlorophyll funktioniert. Ich überlege, wieso sich unter den struppigen Wipfeln der Kastanien keine saftige Wiese befindet, und ich weiß, dass ich meinem Großvater den Grund nennen könnte. Das wiederum würde seine Überzeugung bestätigen, dass es eine Verbindung gibt zwischen dem Wühlen in der Erde mit den Händen und guter Laune. Ich könnte ihm auch darlegen, weshalb die eine oder andere Pflanze, die er so gerne angebaut hat, in den nächsten Jahren womöglich nicht mehr so gut wachsen könnte, und meiner Frau könnte ich eine handfeste Erklärung für den konstant schwindenden Bestand an Steinpilzen auf dieser Seite des Berges liefern, und beide Phänomene könnte ich auf die globale Erwärmung zurückführen. Auch könnte ich eine neue Disziplin ins Leben rufen, nämlich einen auf wissenschaftlichen Nachweisen basierenden Gartenbau, in Anlehnung an das, was auf anderen Gebieten, etwa in der Medizin, geschieht – aber langsam brummt mir der Schädel, und ich gebe der Hitze die Schuld.

Ich hebe den Blick, um ihn dem hypnotischen Mosaik der trockenen Blätter zu entreißen, und sehe ein Insekt, das summend durch die unbewegte Luft schwirrt. Es schießt unbeirrt auf den ätherischen Schienen einer chemischen Spur dahin, die von einer blühenden Pflanze verströmt wird. Wer weiß, auf welcher Grundlage es ausgerechnet diese Blüte ausgewählt hat und weshalb es deren Zwillingsschwester links liegen lässt. Eine nahe Hainbuche ist von Efeu umschlungen worden: Mit welchem Mechanismus hat es seine Wurzeln unauflöslich in ihre Rinde geschlagen?

Ich befinde mich im Dickicht eines Kastanienwaldes, und ich ertappe mich dabei, die Pflanzen wie in einer Art *augmented reality* zu betrachten: Als würde auf jedem Stamm eine Tafel erscheinen, die das System veranschaulicht, mit dem Wasser durch das Holz emporsteigt, die illustriert, wie eine Pflanze den Angriff einer Raupe schon am Geräusch ihres Kauapparats erkennt; das erinnert mich an den Zellmechanismus, mit dem die Glockenblume gerade ihre violette Krone öffnet, und daran, wie Pflanzen mit den Mikroorganismen kooperieren, die zwischen ihren Wurzeln leben, auf ihren Blättern und sogar in ihren Stängeln. Mir kommt in den Sinn, dass manche Pflanzen ihr Geschlecht auf ganz physiologische Art und Weise wechseln können. Vielleicht könnte ich meiner Frau auch etwas darüber erzählen, wie sich die verwilderte Weinrebe gefühlt haben muss, die ihr Dackel als abendliche Toilette ausgewählt hat.

Diese Erfahrungen gestatten es mir, mein persönliches Unkraut inmitten der Zinnien zu erkennen, während die Geschichten, die sich dahinter verbergen, meine Steinpilze darstellen. Und ich weiß, dass ich mit ihnen einen ganzen Korb füllen kann.

In der Zwischenzeit raschelt eines der vielen Rehe dieser Gegend in einem Busch am Fuß der Böschung, und zur Erinnerung an die *plant blindness* gesellt sich eine weitere Definition: *nature deficit disorder*, das Natur-Defizit-Syndrom. Im Allgemeinen bezieht es sich auf Kinder und Erwachsene in der Stadt, denen das vollkommen urbanisierte Leben jeden physischen Kontakt mit der Natur ausgebrannt hat. Das führt dazu, dass sie die Fernseh-Löwen der Serengeti besser kennen und eine engere Beziehung, wenngleich nur mittelbar und virtuell, zu den Regenwäldern der Doku-Sendungen haben als zu den Organismen, die rund um ihr Zuhause, zwischen den Blumentöpfen auf dem Balkon oder im nächsten Stadtpark leben. Unsere Erben werden nicht mit einem Pflanzen-Sinn geboren: Bis zum Alter von 7–8 Jahren sind Pflanzen für Kinder genauso unbelebte Objekte wie Steine. Wie schnell sie Empathie für statische Organismen entwickeln, hängt dabei jedoch sehr davon ab, wie viele sie erblicken, davon, wie oft sie sich in natürlicher Umgebung aufhalten und wie viel ihnen darüber erzählt wird.

Im Laufe der vergangenen Jahrzehnte hat sich auch das Studium der Pflanzen häufig von der natürlichen Realität entfernt. Das liegt auch daran, dass die Welt der Forschung technologische Aspekte und diejenigen Disziplinen fördert, die darauf abzielen, immer tiefer ins Innere der Pflanze vorzudringen oder derart komplizierte Zusammenhänge zu untersuchen, dass ein eigentlich von allen nachvollziehbarer Gegenstand vollkommen aus dem Blick gerät: die Rose, die Paprika, die Zinnie, der Steinpilz.

Statt sie zu kurieren, wie man es vorhatte, wurde die Blindheit für Pflanzen und das Staunen über ihre Einzigartigkeit dadurch noch vervielfacht: Das, was man entdeckte, ließ sich nur schwerlich mit den gerade mal 16 Bit erkennen oder erklären, die vom Sehen übrigbleiben, wenn man es aus dem praktischen Erleben herauslöst.

Meine Unfähigkeit, den kleinen Steinpilz zu erkennen, der für die Augen meiner Frau derart deutlich zu sehen war, ist wahrscheinlich eine lebensnahe Metapher dafür, dass ich ein Kind der Forschung meiner Zeit bin. In jenem Heureka-Moment im Wald, während ich mit einem freudig gefüllten hier und einem wehmütig leeren Korb da konfrontiert war, habe ich erkannt, dass es vielleicht angebracht wäre, zu versuchen, die Faszination der Forschung aus dem Labor wieder in den Garten und den Park zurückzubringen. Hier kann man sich wieder in etwas Althergebrachtes vertiefen, das im Stadtleben verkümmert ist und zu dem viele zurückzufinden versuchen. Ziellos durch einen Park zu wandeln, öffnet den Verstand für die Geschichten und Inspirationen des lateralen Denkens, aber hier, im Wald, ruft dasselbe Vagabundieren Geschichten über seine Bewohner in mir wach, Geschichten über das, was wir über sie herausgefunden und erforscht haben. Für Walter Benjamin war ein *Flaneur* ein »Asphaltbotaniker« und ein Fachmann für urbane Strukturen, der verloren durch die modernen Städte streifte, gefangen zwischen träger Bummelei und scharfsinniger Beobachtung seiner Umgebung. Eigenartig, dass er ausgerechnet die Figur des Botanikers ausgewählt hat, um als Verbindung zwischen der Welt der Menschen und der Welt der Technologie zu fungieren, die man damals gerade errichtete. Angesichts meiner liebevoll spöttelnden Frau fühle ich mich ein wenig wie ein zurückgekehrter wissenschaftlicher *Flaneur*, der verloren durch den Wald streift, vollgepackt mit Theorie und aus den kurzsichtigen Augen eines städtischen Technobotanikers blinzelnd.

In jenem Moment unter den Kastanienbäumen also, als ich auf meine schlammverdreckten Schuhe blickte und die Scham über meinen leeren Korb auf mir lastete, fällte ich eine Entscheidung:

Um meine *plant blindness* zu heilen, wollte ich versuchen, mehr Zeit im Garten meines Großvaters zu verbringen. Ich wollte versuchen zu erklären, wie sehr Pflanzen in ihrer Andersartigkeit tatsächlich komplizierte Geschöpfe sind, sowohl für Theoretiker wie mich als auch für Praktiker, wie mein Großvater einer ist, oder Gelegenheitstäter wie meine Frau – die in der Zwischenzeit den kleinen Steinpilz links neben meinem Schuh aufgelesen und heimlich in meinen Korb gelegt hat, damit ich nicht mit leeren Händen nach Hause zurückkehren muss.

FRÜHLING

HEREINSPAZIERT,
WIR HABEN GEÖFFNET

||||||||||||||||||||||||||||||||||||||||||||||||||||||||||||||||

Es heißt, dass es keinen besseren Weg gibt, sich mit einem Garten vertraut zu machen, als versonnen zwischen den Beeten umherzuschlendern und seinen Gedanken freien Lauf zu lassen, während die Sinne im Hintergrund aktiv sind. Der Verstand erholt sich und löst seine Verspannungen, die Ohren lauschen dem Wispern der Zweige, die Nase erkundet die Luft, und der Blick fällt auf Farbkleckse im Grün. Zumindest solange es geht, denn der Sehsinn gibt in der Regel als Erster klein bei, weil irgendwelche Details merkwürdige Bereiche des Verstandes anfachen. Das grelle Orange der Lilie zum Beispiel, die hier direkt vor mir aufblüht, und die sich mit ziemlicher Sicherheit nicht durch wildes Gestikulieren bemerkbar gemacht hat: Ihre halbgeschlossene Blütenkrone scheint sich tatsächlich gar nicht zu bewegen. Und doch würde ich, sollte ich in ein paar Stunden wiederkommen, feststellen, dass sie sich vollständig geöffnet hat und nun eine kleine, farbenprächtige Sonne mit sechs Zacken bildet. Zu langsam, als dass meine Augen die Bewegung hätten wahrnehmen können.

Langsamkeit ist wahrscheinlich das größte Glück, das ein Garten zu bieten hat. Hier herrschen träge Uhren, die nach den beinahe unmerklichen Abläufen der Pflanzen gestellt sind und sich deutlich von den frenetischen Zeitmessern unterscheiden, die das Leben skandieren, das über den Rasen rennt. Die kurze Rast vor der Lilie verdeutlicht es sofort: Die Verschwiegenheit, mit der Pflanzen sich bewegen und wachsen, ohne je innezuhalten (das wird uns erst bewusst, wenn wir uns schweißgebadet mit dem Rasenmäher abmühen), sich in Form und Farbe wandeln (ein einziger Tag reicht, um ein ganz anderes Beet vorzufinden) oder auf Umwelteinflüsse reagieren (was man herausfindet, wenn man vergisst, sie zu gießen); mit der sie ihre Gestalt verändern, indem sie ihre Blätter bewegen, ihre Ranken winden und ihre Blütenkelche entfalten. Sie führen diese und andere filmreife Aktionen durch, ohne je aufzufallen, und verharren tagelang scheinbar regungslos – wie diese Blume, die in den vergangenen Tagen um etwa einen Millimeter pro Stunde gewachsen ist und jetzt in nur vier Stunden den grünen Zylinder einer geschlossenen Knospe zu einem orangefarbenen Trichter verwandelt hat, der beinahe zehn Zentimeter breit ist. Eine Wandlung im vermeintlichen Stillstand.

Pflanzen leben mit einer anderen Geschwindigkeit, und um sie zu beobachten, benötigt man Zeit, eine besondere Wachsamkeit oder Hilfsmittel, die unsere Sinne verstärken. Dabei weiß ich genau, dass ich die Dynamik der Lilie auch dann nicht wahrnehmen könnte, wenn ich sie anstarrte. Vielleicht könnte ich sie jedoch mit einer Kamera beobachten und die Aufnahme anschließend im Schnelldurchlauf betrachten; und wenn ich dasselbe mit anderen Pflanzen täte, würde ich herausfinden, dass jede Spezies mit einer ganz eigenen Bewegung erblüht und dabei eine reichhaltige Fülle an Choreographien an den Tag legt. Ein mechanischer Tanz, der sich erst dann offenbart, wenn wir unsere Uhren nach dem trägen Ticken der Pflanzen stellen und wenn unser Auge, das auf schnellere Bewegungen geeicht ist, mit einer Zeitrafferfunktion nachgerüstet wird.

JEDE ZU IHRER ZEIT

Jede farbenfrohe Blüte hat eine Mission zu erfüllen: im richtigen Moment einen Bestäuber abzufangen, der hilft, den Fortbestand ihrer Art zu ermöglichen. Blumen sind *temporary shops*, die ihre Türen öffnen, ohne sich an Ladenöffnungszeiten zu halten: Manche Spezies öffnen nur ein einziges Mal und bleiben für mehrere Tage am Stück zugänglich, andere haben periodische Öffnungszeiten. Die einen beginnen in der Früh und machen bei Sonnenuntergang Feierabend, die anderen bevorzugen die Nachtschicht, manche bleiben durchgehend geöffnet, andere immer nur für wenige Stunden. Diese temporären Angebote empfindlicher Waren bedienen eine erlesene Stammkundschaft; es ist also von Vorteil, die Nachfrage genau vorherzusagen, und es zahlt sich aus, den Bestand zu schützen, wenn nicht der richtige Zeitpunkt ist. Das setzt nicht nur die Konstruktion eines floralen Schaufensters und einer schützenden Jalousie voraus, sondern auch die Bereitstellung eines Motors, um diese zu öffnen, sowie einer ganzen Reihe von Sensoren, um ihn im rechten Moment zu aktivieren. Jede Pflanze braucht dafür unterschiedlich lange, und wo die Lilie vier Stunden benötigt, um ihre Krone zu entfalten, braucht die Kalanchoe fünf; die emsige gelbe Blüte der Nachtkerze entfaltet sich in nur 20 Minuten vollständig, und den flinken Blüten des Efeus genügen weniger als zehn.

Würden diese Bewegungen nicht in mikroskopisch kleinen Schritten erfolgen, könnten wir sie vielleicht mit dem bloßen Auge erkennen. Bei einer der Herrscherinnen des Gartens ist das aus anderen Gründen nicht möglich, und von jetzt an wird sie auch für ihre Faulheit bekannt sein: Von der ersten Bewegung der Knospe bis zur vollständigen Öffnung der Rose vergehen bis zu sieben Tage – und nicht zuletzt aufgrund dieser Trägheit können wir sie so lange genießen.

Die von mir betrachtete Lilie ist in diesem Moment dabei sich zu öffnen, weil es früh ist, aber andere Pflanzen in diesem Garten haben ihre Blüten schon deutlich vor der Morgendämmerung in Bewegung versetzt, und manche sind schon wieder geschlossen. Die neuen Blüten des Hibiskus haben sich beispielsweise zwischen vier und acht Uhr geöffnet und werden sich im Laufe des Abends wieder schließen. Die Blüten von *Hemerocallis fulva* haben etwa zur gleichen Zeit begonnen sich zu regen und werden bei Sonnenuntergang zugehen, um bei Sonnenaufgang wieder aufzumachen, gemeinsam mit denen des Leimkrauts, denen jedoch fünf aufeinanderfolgende Nachtschichten bevorstehen. Genau das Gegenteil wird *Hemerocallis citrina* tun, deren gerade noch geschlossene

Krone sich nach Sonnenuntergang öffnen wird, während die unscheinbaren Blüten von *Sonchus arvensis* eher an ein Publikum von Langschläfern gerichtet sind und erst gegen Mittag aufgehen, wenn *Tragopogon pratensis* schon wieder Feierabend macht: Sein Geschäft ist in etwa von sieben bis zehn Uhr morgens geöffnet.

In Abhängigkeit von den jeweiligen Bestäubungsbedürfnissen hat sich bei jeder Spezies ein System von Sensoren entwickelt, das die richtige Kombination bestimmter Faktoren überwacht, um die Öffnung auszulösen. So gibt es Sukkulenten, die ihre Blüten über Monate geschlossen halten, bis sie einen ganz bestimmten Cocktail aus Temperatur und Licht wahrnehmen. Bei manchen Spezies liefert die Temperatur den Schlüssel zur Kombination, bei anderen die Beschaffenheit des Lichts, bei wieder anderen die Anzahl der Nachtstunden, während für manche Pflanzen der hauptsächliche Auslöser in der Feuchtigkeit zu suchen ist. All diese Faktoren lösen in der richtigen Kombination die Öffnungsbewegung (bzw. in manchen Fällen die Schließung) der Blüten zu einem bestimmten Zeitpunkt des Tages und in der richtigen Phase des Jahres aus, wenn die Wahrscheinlichkeit am höchsten ist, dass sich Kunden einfinden, die an den Angeboten des Geschäfts interessiert sind. Zu diesem Zweck ist eine Kombination mit multiplen Faktoren wichtig, weil somit das Risiko verringert werden kann, von einem besonders warmen Tag mitten im Winter hereingelegt zu werden oder einem überdurchschnittlich feuchten in der Sommerhitze.

WAS BLÜTEN MIT STRICKNADELN ZU TUN HABEN

Jeder Mechanismus hat sein Räderwerk, und bei Blüten besteht es aus Kronblättern (*Petalum*) und Perigonblättern (*Tepalum*), aus Blattadern und Zellen. Die Teile der Blütenkrone (*Corolla*) sind schlanke, biegsame Gebilde mit unregelmäßig geformten Zellen und wahllos verteilten Hohlräumen, die zwischen zwei kompakten Lagen Epidermis eingeschlossen sind und von mindestens einer Blattader durchzogen werden – und so eine vereinfachte und etwas unorganisiertere Version eines Blattes bilden. Die Zellwände sind nicht steif, aber auch nicht schwach, wie man vielleicht meinen könnte; ihr besonderes Talent besteht in ihrer Elastizität: Sie bilden Parallelepipede (eine Art dreidimensionales Parallelogramm), die sich ausdehnen können, bis sie ballonartig rund sind, und die sich verformen können, ohne zu explodieren. Und ohne ein Fältchen zu bilden, können sie wieder in ihre ursprüngliche eckige Form zurückkehren, wenn sie an Inhalt verlieren.

Da keinerlei Elemente vorhanden sind, die zu eigenständiger und bewusster Bewegung fähig wären, muss das Geheimnis des Übergangs von der geschlossenen zur geöffneten Krone zwingend in diesem Gebilde und seinen Bestandteilen verborgen sein. Genauer gesagt, besteht bei fast allen Pflanzen die Öffnung einer Blüte aus der dynamischen Veränderung der Krümmung der Kronblätter und kann einmalig sein (die Blüte öffnet sich, erledigt ihre Aufgabe und verwelkt) oder multipel (die Blüte öffnet und schließt sich periodisch). Bei der Lilie wird der Öffnungsvorgang in nur vier Stunden abgeschlossen, sowohl bei intakten Pflanzen als auch bei abgetrennten Blüten, und besteht aus zwei Phasen: einer ersten langsamen Öffnung der Knospenspitze in den drei Stunden unmittelbar vor Sonnenaufgang und einer zweiten und schnelleren Bewegung, die bei Tagesanbruch die gesamte Krone in wenig mehr als einer Stunde entfaltet. Am Ende hat jedes Blütenblatt die sattelartige Form dieser Kartoffelchips, die in Röhren verpackt sind, und ist an den Rändern mit einer Reihe von Wellen versehen, deren Erklärung bei den Wollknäueln unserer Tanten zu suchen ist.

Wenn wir bei ihnen nachfragen, wie man beim Stricken oder Häkeln eine Krümmung bewerkstelligt, werden sie antworten: Indem man die Anzahl der Maschen erhöht oder verringert. Strickt oder häkelt man einen Schal und lässt dabei die Dichte der Maschen von der Mitte zum Rand hin zunehmen, wird er mehr oder weniger sattelförmig werden, weil sich der vergleichsweise grö-

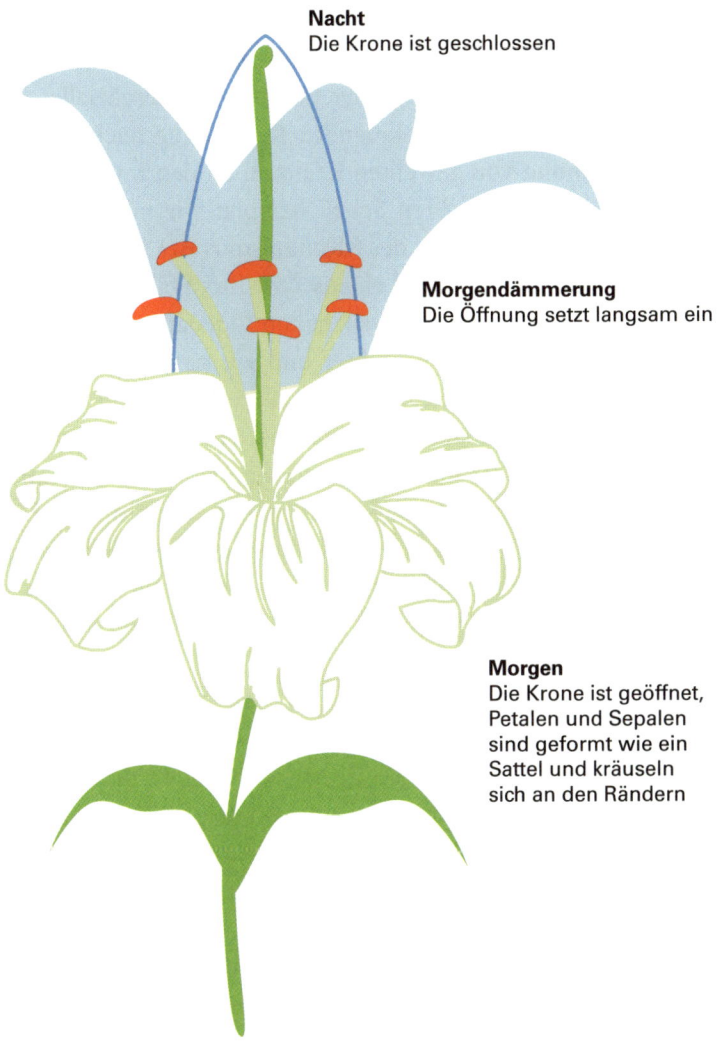

Nacht
Die Krone ist geschlossen

Morgendämmerung
Die Öffnung setzt langsam ein

Morgen
Die Krone ist geöffnet, Petalen und Sepalen sind geformt wie ein Sattel und kräuseln sich an den Rändern

Der Öffnungsvorgang der Lilienblüte

ßere Umfang der Ränder am leichtesten in diese gewölbte Oberfläche schmiegt. Fügt man dann immer mehr Maschen hinzu, wird auch die einfache Sattelform nicht mehr ausreichen, und es bilden sich zusätzlich gewellte Buchten an den Rändern. Beide

Phänomene bilden die Grundlage für die Bewegung der Lilienblüte, deren Kronblätter an den Rändern schneller wachsen als in der Mitte. So findet entlang der Fläche ein differenzielles Wachstum statt, mit einer zunehmenden Krümmung nach außen und der Entstehung von gewellten Kräuseln an den Kanten, genauso wie bei einem gestrickten Schal. Können wir mit Sicherheit sagen, dass das tatsächlich der Mechanismus ist? Ja, denn ein paar Wissenschaftler mit einer Leidenschaft fürs Häkeln, für den Garten und für mechanische Physik haben Videoaufnahmen gemacht, sie im Schnellvorlauf betrachtet und ein paar Blütenkronen seziert: Wenn man bei geschlossenen Blüten sorgfältig die zentrale Blattader, die sogenannte Mittelrippe, entfernt, öffnen sie sich trotzdem, schneidet man jedoch die Ränder der Blätter ab, lässt sich keinerlei Übergang zur Sattelform feststellen und die Knospe bleibt geschlossen. Nachdem die Forscher vergeblich versucht hatten, diesen Vorgang mit Papier oder Plastik nachzuahmen, sind sie schließlich erfolgreich zu Wollknäueln und Stricknadeln übergegangen.

Im Namen der Vielfalt, die es besonders den etwas anarchischer eingestellten Gärtnern angetan hat, verwenden nicht alle Pflanzen diesen Entfaltungsmechanismus auf die gleiche Art und Weise. Bei Tulpen wird die Bewegung von einem differenziellen Wachstum entlang der Breite des Blattes bedingt: Die nach innen weisende Schicht wächst schneller als die außenliegende, bis sich schließlich der Sattel bildet, der die Krone öffnet. Die Kronblätter der gewöhnlichen Windengewächse sind hingegen miteinander verschweißt und öffnen sich früh am Morgen, um eine Art weißen Faltenrock zu bilden. Am späten Nachmittag schließt sich die Blüte wieder, wobei nur die Zellen der zentralen Blattadern daran beteiligt sind, die wie die Streben eines Regenschirms funktionieren und den Rest des Blattes in einer aufwickelnden Bewegung nach innen zerren. In Wahrheit hängt die Bewegung in allen Fällen mit einer differenziellen Verlängerung der Zellen zusammen und nicht mit ihrer zahlenmäßigen Zunahme. Insofern ist die Me-

タtapher mit den Maschen ein wenig irreführend, da die Vergrößerung der Oberfläche von einer »Verlängerung« der Maschen gewährleistet wird und nicht von einer erhöhten Dichte. An den Kanten der Lilie vergrößern die Zellen ihre Länge im Vergleich zu den übrigen, indem sie sich mit Wasser füllen: Während der Öffnung der Krone nimmt die Menge zu, beim Schließen nimmt sie ab, mit einer jeweils entsprechenden elastischen Verformung.

Jemand hat jedoch eins und eins zusammengezählt und angemerkt, dass dieser Mechanismus allein nicht ausreicht, um »flotte« Bewegungen wie die der Lilie zu erklären. Insbesondere lässt sich damit nicht die unterschiedliche Geschwindigkeit der zwei Öffnungsphasen erfassen: die langsame und kaum wahrnehmbare vor Sonnenaufgang und die schnelle und spektakuläre im ersten Tageslicht.

Das differenzielle Wachstum muss also um einen weiteren Mechanismus ergänzt werden, der ausreichend Energie bereitstellt, um beide Geschwindigkeiten hervorzurufen. Die Lösung wurde gefunden in einer zunehmenden Ansammlung von Energie in Verbindung mit einem Mechanismus mit verzögertem Auslöser. Mit anderen Worten: Die Kronblätter wölben sich schrittweise, werden aber während ihrer Verformung von einer Art physischem Riegel gehalten, wie es auch beim Klatschmohn der Fall ist, dessen Blüte sich innerhalb weniger Minuten entfaltet. Im Inneren der großen grünen Knospen der Lilie besteht die Krone aus sechs ähnlichen, aber nicht identischen Bestandteilen: drei sogenannte *Petalen* (also Kronblättern), die etwas weiter innen positioniert sind, und drei sogenannte *Sepalen* (Kelchblättern), die sich etwas weiter außen befinden. Sie sind allesamt in der Lage, sich auf die oben erwähnte Sattelform zuzubewegen, weisen aber auch kleine Kräuselungen auf, die die äußeren Sepale teilweise an ihren Kanten geschlossen halten. Wenngleich es sich dabei um einen recht schwachen Riegel handelt, hält diese Verschlingung der wellenförmigen Einbuchtungen die Teile der Krone verschlossen, bis die Kraft der internen Wölbung einen bestimmten Wert übersteigt:

Vier bis fünf Tage lang wächst die Blüte, und in dieser Zeit krümmen sich Petale und Sepale langsam. Drei Stunden vor Tagesanbruch beschleunigt der Prozess leicht, bevor schließlich, wenn die Lageenergie zu stark wird, als dass die Kräusel weiter verschränkt bleiben könnten, die Sicherung aufspringt und der Krone somit gestattet, in nur 90 Minuten vom halbgeöffneten in den ganz geöffneten Zustand überzugehen. Die hübschen Besätze der Lilie dienen also nicht als zusätzliche Zier für unseren ästhetischen Genuss, sondern als Energiebarriere. Sobald sie überwunden wird, kann die gesamte angesammelte Lageenergie in Bewegungsenergie umgewandelt werden, um die Blüte zum richtigen Zeitpunkt zu öffnen.

MUSKELN AUS WASSER

Jeder von uns hat wohl schon einmal einen wild gewordenen Schlauch über den Rasen jagen müssen, weil jemand anderes den Hahn zu früh aufgedreht hat und die eben noch schlaff im Gras ruhenden Schlingen mit einem Mal begonnen haben, sich wie eine Schlange zu winden und alles anzuspeien. Bei dieser Gelegenheit habt ihr zufällig den verborgenen Trick angewandt, mit dem Pflanzen sich in Bewegung setzen: Eine Druckveränderung aufgrund von Wasserbewegungen innerhalb eines elastischen Systems. Je starrer der Schlauch ist bzw. je gradueller die Flüssigkeit sich hineinbewegt, desto geringer fällt die Bewegung aus – sofern sie nicht ganz ausbleibt; umgekehrt gilt: Je stärker der Druck und je elastischer der Schlauch, desto ausgeprägter die Verdrehungen der Wasserschlange.

Die Blätter einer Blüte oder ihre Adern, die Blätter an einem Ast und auch die Ranken einer Kletterpflanze sind zwar kein Schlauch, aber sie verdanken beinahe ihre gesamte Beweglichkeit diesem Phänomen. Dafür sorgen bestimmte Zellen, die wie mikroskopische Luftballons funktionieren und Druckverhältnisse aushalten, die fünf- bis zehnmal so hoch sein können wie in einem

Autoreifen. Wir müssen uns eine lange Reihe von Zellen vorstellen, die sehr nahe beieinander liegen und die in der Lage sind, Wasser zwischen der ersten und der letzten hin und her zu senden, deren Zusammenhalt stark genug ist, um ein durchgängiges Band zu bilden, und die elastisch genug sind, um sich aufgrund ihres internen Drucks zu verformen: Wir haben vor unserem geistigen Auge eine Art segmentierten Schlauch nachgebaut und damit einen der wichtigsten Motoren der Pflanzenwelt. Der Druck heißt in diesem Fall *Turgor* (oder Turgordruck) und wird aufgebaut, indem Wasser ganz gezielt von einer Zelle an die nächste weitergegeben wird, was die einen prall anschwellen lässt, während andere in ihrer Nähe schlaff durchhängen wie leere Luftballons. Aufgrund von Osmose hat Wasser immer die Tendenz, von einer stärker verdünnten Flüssigkeit zu einer stärker konzentrierten überzugehen, wenn eine semipermeable, also teilweise durchlässige Membran vorliegt, wie etwa eine Zellwand. Die Substanzen, die dieses Spielchen am besten beherrschen, sind Salze, einige Aminosäuren und vor allem viele Einfachzucker wie Fructose, Glucose und Mannitol, von denen Pflanzen reichlich zur Verfügung haben. Obwohl nämlich der Transfer von Wasser die Blütenblätter in Bewegung setzt, beruhen die Bewegungen in Wahrheit auf der Konzentrationsveränderung gelöster Substanzen in nahegelegenen Zellen, wie es beispielsweise zwischen dem Rand und der Mitte der Kronblätter unserer Lilie geschieht.

Was die Choreographie der Blüten in einem Zeitraffer-Video so faszinierend macht, ist im Grunde die organisierte Umschichtung von Stoffen in gezielt ausgewählte elastische Zellen. Dabei spielen besonders Kohlenhydrate eine wichtige Rolle, deren Konzentration in den »mechanischen« Zellen der Blüte zunehmen (während der Öffnung) oder sinken kann (während des Schließens). Die Gründe hierfür bringen uns aus der kleinen Welt der Zelle zurück in die stärker unmittelbare des Gartens oder einer Vase voller Schnittblumen. Die Zucker, die Wasser anziehen, können nämlich aus Stärke oder Mehrfachzuckern wie Fruktanen stammen, die sich bereits in den jüngeren Teilen der Blüte angesammelt haben, oder aber sie können, ausgehend von den Wurzeln oder nahen Blättern, in Richtung der Blüte verfrachtet werden. Welches der beiden Verfahren zur Anwendung gelangt, variiert von Spezies zu Spezies und bestimmt das Verhalten, das viele Schnittblumen an den Tag legen. Bei Rosen, Freesien und Gladiolen findet man beispielsweise nur sehr wenig Stärke in den Knospen, und fast alle Zucker, die das langsame Öffnen der Krone ermöglichen, stammen aus der Wurzel und werden über den Stängel transportiert. Wird die Blume abgeschnitten, hat sie nicht länger die nötigen Rohstoffe zur Verfügung, um die osmotischen Prozesse einzuleiten, und tatsächlich kommt der Mechanismus, der die Blüte öffnet, zum Stillstand – es sei denn, man fügt dem Wasser in der Vase Zucker oder Salze zu, wie es die Erfahreneren unter uns machen, wenn sie Blumen dieser Art zur Schau stellen wollen. Andere Pflanzen, darunter etwa Margeriten, Sonnenblumen, Gerbera, Artischocken, Lilien und Magnolien, sammeln von vornherein Fruktane oder Stärke im sogenannten Blütenstand an und können daher auch knospen, nachdem sie abgeschnitten wurden, und die Bewegung losgelöst vom Rest der Pflanze einleiten.

Eine wiederum andere Verhaltensweise lässt sich bei Chrysanthemen beobachten, die es nicht nötig haben, Wasser und Zucker aus den Wurzeln zu beziehen, um die Blüten zu öffnen. Sie versorgen sich mit den benötigten Substanzen, indem sie Blätter und andere grüne Bestandteile verwelken lassen, die zum Blütenstand gehören. Dabei handelt es sich um eine evolutionäre Anpassung, die es ermöglicht, auch im Falle großer Trockenheit zu blühen – das kommt natürlich gerade bei Blumendekorationen für die Verstorbenen wie gerufen, die nicht selbst täglich gießen können.

PFLANZEN SIND
KUNTERBUNTE THERMOMETER

Inzwischen ist der halbe Morgen verstrichen, meine Lilie befindet sich auf dem Höhepunkt ihrer Pracht, und es bleibt eine Frage: Woher wissen Pflanzen, wann der richtige Moment gekommen ist, um ihre Kronen zu entfalten? Die Hauptrolle bei diesen Unternehmungen spielt ein biochemischer Schalter namens *Phytochrom*, der in Abhängigkeit von dem einfallenden Licht zwei verschiedene Formen annehmen kann, die jeweils bestimmte Aktivitäten auslösen oder hemmen. Wenn sie Rotlicht bis zu einer Wellenlänge von 660 Nanometer (hellrot) ausgesetzt wird, verändert eine der beiden Formen ihre Struktur und beginnt, nur noch dunkelrotes Licht bei 730 Nanometer zu absorbieren (und andersherum). Da diese beiden Komponenten des Lichts mit dem Abstand zur Sonne und ihrem Einfallswinkel wechseln, hängen sie eng mit den Jahreszeiten und dem Breitengrad zusammen. Das Verhalten des Phytochroms koppelt folglich einige lebenswichtige Funktionen an den konkreten Zeitpunkt im Jahr und den Standort. Dazu gehören beispielsweise das Wachstum der Knollen bei den Kartoffeln, winterliche Keimruhe bei Kastanien (auch *Dormanz* genannt, eine Art Winterschlaf, bis die Umweltbedingungen günstiger sind), der Übergang von der vegetativen zur reproduktiven Phase in allen pflanzlichen Organismen, die Keimung der Samen und nicht zuletzt auch das Auslösen der Bewegung von Blütenkronen.

In manchen Fällen erreicht dieses System eine Genauigkeit im Minutenbereich: Dem Bilsenkraut genügt eine Zunahme oder Abnahme der Dunkelheit von 20–30 Minuten, um die Konstruktion der Blüte auszulösen oder zu unterbinden, und die Vehemenz der Reaktion nimmt zu, je weiter man sich den Polkappen nähert. Ein Standortwechsel um 300–400 Kilometer nach Norden kann die Blütezeit einiger Spezies von Grund auf verändern. Viel kritischer noch als das Licht ist dabei die Dauer der Nacht, und wenngleich man Pflanzen in Kurztagpflanzen (Chrysanthemen, Dahlien, Veilchen) und Langtagpflanzen (Kartoffeln, Spinat) unterteilt, je nachdem, wie viel Sonne sie brauchen, ist es in Wahrheit doch die Menge an Dunkelheit, die ihre Bewegung reguliert.

Apropos Dunkelheit: Bei vielen Spezies – insbesondere denen, die ihre Blütenblätter frühmorgens bewegen, wie unsere orangefarbene Lilie – reagiert die Öffnung der Blüte auf die Länge der Dunkelphase, die dem Sonnenaufgang vorausgeht – und diese wiederum entspricht im Allgemeinen einer ganz bestimmten Phase des Jahres. Es handelt sich dabei um einen Prozess, der eng an das Wechselspiel des Hell-Dunkel-Zyklus gebunden ist. Wenn wir eine Lilie foltern und sie um Mitternacht der Sonne aussetzen und am Mittag der Dunkelheit, wird sich ihre Blüte zwischen vier Uhr nachmittags und acht Uhr abends öffnen statt morgens. Sollten wir außerdem die botanische Tücke auf die Spitze treiben und die Nacht verlängern, würde sich die Öffnung der Blüte noch weiter in den Abend schieben, da, wie gesagt, die Menge an Dunkelheit, nicht die des Lichts, die Bewegung auslöst. Das liegt daran, dass die Abwesenheit von Licht in der Lage ist, den Schalter des Phytochroms zurückzusetzen und das mit einer Empfindlichkeit, die in der Welt der Gärtnerei und des Gemüseanbaus schamlos ausgenutzt wird: Etwa bei der Aussaat von Salat zu einer Zeit, da die Länge der Nächte unzureichend ist, um seine Blüte anzuregen, oder wenn im Gegenteil Zierpflanzen künstlich mit der nötigen Lichtmenge versorgt werden, weil das Gewächshaus sich nicht auf einem optimalen Breitengrad befindet: Wie im Fall der Weihnachtssterne, die von Gärtnern gezwungen werden, im Dezember zu blühen. Diese Manipulation des Blüten-Jetlags hat, wie alle Medaillen, zwei Seiten: Kaufen wir Pflanzen, die unter solchen Bedingungen in Gewächshäusern zum Blühen gebracht wurden, dürfen wir nicht erwarten, dass sie sich erneut dazu herablassen, wenn wir sie mit nach Hause nehmen, wo die (natürliche) Abfolge von Tag und Nacht nach ihrem Verständnis die falsche ist.

Phytochrom ist zwar maßgeblich für die rechtzeitige Konstruktion der Blüte in der richtigen Phase des Jahres, aber an der Öffnung des »Ladens« sind auch andere Faktoren beteiligt: Menge und Art des Lichts, Temperatur und Luftfeuchtigkeit. Von diesen vier mag dieser oder jener wichtiger sein als die anderen, aber nur selten ist einer allein verantwortlich für das Auslösen der Blütenöffnung. Bei den Blüten von Tulpe, Krokus oder Anemone weisen der äußere und der innere Teil der Krone beispielsweise eine Idealtemperatur für die Verlängerung der Zellen auf, die sich um 10 °C unterscheidet – die Bewegung wird, mit anderen Worten, fast ausschließlich von Wärme bestimmt.

Das findet sich häufig bei Pflanzen, die typisch für die kältere Jahreszeit sind, in der die Verfügbarkeit von Bestäubern mit der gerade vorherrschenden Wärme zusammenhängt. Der Tulpe genügen schon minimale Temperaturschwankungen, um die Blüte zu öffnen (bei etwa 20 °C) oder zu schließen (um die 5 °C), selbst wenn sie sich praktisch im Dunkeln befindet. Je weiter man in der Jahreszeit voranschreitet, desto mehr sind stärkere Zunahmen nötig, wie etwa die 5–10 °C, die den Hahnenfuß veranlassen aufzuschließen. Der eher sommerliche Portulak benötigt eine Zunahme um 20 °C, um seine Blüten zu entfalten, tut dies aber auch nur, wenn sie genug Licht abbekommen; umgekehrt löst Licht allein, ohne die entsprechende Temperaturerhöhung, die Bewegung der Blütenblätter jedoch nicht aus.

Bei Sorten, die erst abends oder nachts öffnen, hängt es hingegen vor allem an der erhöhten Luftfeuchtigkeit, in Verbindung mit dem richtigen Lichteinfall. Pflanzen, die in einem bestimmten Rhythmus erblühen, verlassen sich neben diesen Variablen außerdem auf die Wirkung sogenannter *zirkadianer Systeme*. Sie sind an der Regulierung einer Unmenge von Vorgängen beteiligt, damit diese im richtigen Moment eines Tages stattfinden. Im Gegensatz zu uns Säugetieren, bei denen das zentralisiert abläuft, ist die Steuerung dieser Rhythmen bei Pflanzen dezentral und autonom. Das heißt, dass jede Knospe, jeder Zweig, jedes Organ und jede Blüte über alles verfügt, was zur Überwachung der Umweltbedingungen benötigt wird. Folglich kann sie sich auch unabhängig darauf einstellen und sich an ihren jeweiligen Standort präzise anpassen. Das erlaubt es denjenigen Zweigen, die von der Sonne beschienen werden, die Türen früher zu öffnen als ihre Brüder, die noch im Schatten frieren, obwohl sie Teil ein und desselben Individuums sind.

Warum ist das alles von Interesse, wenn man seinen Garten pflegen will? Ganz einfach: Verändert sich einer dieser Faktoren, verändert sich auch das Verhalten der Pflanze, und da jede Pflanze über ihr ganz eigenes komplexes System verfügt, sind auch die Reaktionen, mit denen wir rechnen müssen, überaus kompliziert.

In jeder Spezies hat sich die Lösung entwickelt, die ein möglichst ideales Gleichgewicht zwischen Betriebskosten und Marktreaktion bietet; so haben beispielsweise auch Blüten, die durchgängig geöffnet bleiben, einen eigenen unsichtbaren Rhythmus, wie im Fall der Petunie, bei der es der Dufthahn ist, der nur selektiv geöffnet wird: Hat sie ihre Blüten erst einmal entfaltet, bleibt die Krone 24 Stunden am Tag ausgebreitet, aber die Duftstoffe für die Nachtfalter, die für die Bestäubung sorgen sollen, werden ganz poetisch nur in der Nacht verströmt. Apropos Poesie und Mechanismen: Einer der Ersten, der verstehen wollte, wie die Blütenbewegung funktioniert, war kein Ingenieur, sondern ein Mann der Literatur. Einige der Öffnungssysteme der Lilie, die bei meinem Gang durch den großväterlichen Garten meine Aufmerksamkeit auf sich gezogen hat, sind ausgehend von Eingebungen keines Geringeren als Johann Wolfgang von Goethe erklärt worden. Mir gefällt der Gedanke, dass sie womöglich beim versonnenen Schlendern durch einen Park entstanden sind, in den frühen Tagen eines längst vergangenen Frühlings.

Schlingel und Ranken

Der Nachmittag von Kindern kennt eine bestimmte kritische Phase, in der jeglicher Lärm untersagt ist, weil die Erwachsenen sich ausruhen oder irgendwelche absolut langweiligen Dinge machen, die keinerlei Rücksicht auf die quirlige Anwesenheit junger Adepten des Chaos nehmen. In der Waffenruhe, die sich zwischen einem längst verzehrten Mahl, halbgeschlossenen Fensterläden und dem Trubel eines Fußballspiels erstreckt, das man noch nicht entfesseln darf, verharrt auch die Luft in strenger Reglosigkeit, und es scheint, als dürfe man höchstens in andächtigem Schweigen seinen Gedanken nachhängen.

Ich für meinen Teil bekämpfte die Langeweile, indem ich Abenteuergeschichten las oder ins selbstgewählte Exil des großväterlichen Gartens ging, wo ich mich, mit einer Schere bewaffnet, der Erforschung der Pflanzen der Saison hingab. Die merkwürdigsten Formen, die ich aufstöberte, verwandelte ich in Dinge, mit denen man Geschichten erzählen konnte. Die Ranken der Gurken und Passionsblumen, die zunächst gerade waren und sich anschließend zu Bändern oder Federn zusammenrollten, waren beispielsweise die perfekte gärtnerische Umsetzung der Enterhaken von Piraten. Mit Hilfe dieser viergezackten Wurfanker an langen Seilen konnten sie sich an ihren glücklosen Opfern festkrallen und die Schiffe aneinanderbinden. Wer sie schon einmal mit der nötigen Sorgfalt beobachtet hat, weiß, dass die Ranken vieler Kletterpflanzen ihre charakteristische Korkenzieherform nicht von Anfang an haben, sondern ganz im Gegenteil als schnurgerade Ausläufer entstehen, die die Umgebung erkunden, und erst nachdem sie sich festgehakt haben, verdrehen sie sich und verkleinern so den Abstand. Sollte hingegen das Schicksal es so wollen, dass die Ranke keinen Halt findet, rollt sie sich zusammen und ragt als Schnörkel ins Leere.

Diese Bewegungen entgehen uns, und wir können sie mit dem bloßen Auge nicht wahrnehmen, weil die Existenzen von Gurken und Menschen auf unterschiedlichen Zeitskalen ablaufen.

Sie lassen sich jedoch veranschaulichen, indem man auf etwas zurückgreift, wovon ich während meiner kindlichen Nachmittage nur träumen konnte: Filme im Zeitraffer.

In ihrer einfachsten Variante ermöglichen sie die Beobachtung, dass Hopfentriebe und Passionsblumenranken im Raum kreisen, wie das unendlich langsame Lasso eines Cowboys, und erst dann zur Ruhe kommen, wenn sie mit irgendeinem Haltepunkt Kontakt aufgenommen haben. Für diese Bewegung sorgen perfekt koordinierte Zellen, die in synchroner Abfolge im Wechsel erschlaffen und sich aufblähen. Dieser Vorgang verläuft spiralförmig und erzeugt dabei eine Rotationsbewegung, die die Spitze der Ranke dazu bringt, Kreise in die Luft zu ziehen. Der Enterhaken dieser Pflanzen muss sich nämlich ausstrecken, um die Wahrscheinlichkeit zu erhöhen, auf eine brauchbare Stütze zu stoßen. Beobachten wir die Ranke im Zeitraffer, sehen wir sie kreisförmig schwingen, wobei der beschriebene Radius umso größer ausfällt, je länger die Ranke ist. Erst wenn das Ende etwas berührt, fängt es an, sich zu verdrehen, um einen festen Halt zu gewinnen (wie es sich jeder Korsar beim Entern wünschen würde), wobei der Abschnitt zwischen dem Rumpf der Pflanze und der zupackenden Extremität gerade und gestreckt bleibt. Hat die Ranke sich erst einmal um die Stütze gewickelt, beginnt sie, sich um ihre eigene Längsachse zu winden, ohne an ihren Enden loszulassen: weder an der Pflanze noch an der Stütze. Als Ergebnis bilden sich innerhalb weniger Stunden zwei Spiralen – eine im Uhrzeigersinn, eine entgegen dem Uhrzeigersinn –, die ab einem gewissen Punkt so fest aufgewickelt sind, dass der zentrale Abschnitt damit nicht länger klarkommt: Er kann weder in die eine noch in die andere Richtung rotieren und wird so zu einer Art geraden Brücke zwischen den Spiralen.

Dasselbe können wir beobachten, wenn wir ein Gummiband verzwirbeln: Halten wir das eine Ende fest und drehen am anderen, erhalten wir eine einfache Feder; halten wir jedoch beide Enden fest und verdrehen sie gleichzeitig, entsteht eine doppelte Spirale, die ab einem bestimmten Grad der Verdrehung ungefähr auf halber Strecke eine Unterbrechung der beiden entgegengesetzten Verwicklungen aufweist, den Umkehrpunkt. Die Ranken weisen damit eine sehr spezifische mechanische Gabe auf, die sie von einfachen Federn unterscheidet. Sie sind elastisch, wenn sie einem geringfügigen Reiz ausgesetzt werden (einem Windhauch, dem sanften Stoß, wenn wir sie streifen, dem langsam zunehmenden Gewicht der Pflanze selbst), werden aber fest bei größerer Intensität (ein langanhaltender Windstoß, ein heftiger Ruck, wie wenn man eine Frucht abpflückt): Anstatt sich zu entrollen wie ein Band, wickelt die Spirale sich noch enger zusammen und erhöht so die Widerstandskraft des gesamten Systems, also die Fähigkeit, nach dem Aussetzen des Reizes wieder in die anfängliche Form und den ursprünglichen Zustand zurückzukehren.

Das geometrische Prinzip der Ranken

Neben einer Verlangsamungsfunktion hätte ich für meine Nachmittage im Garten auch liebend gerne einen starken Vergrößerungsmodus für meinen Blick gehabt, um die Anordnung und die Umwandlung der Zellen im Inneren des pflanzlichen Enterhakens zu beobachten. Ich hätte feststellen können, dass kurz nach der Umklammerung der Stütze die interne Struktur der Ranke eine Reihe von Transformationen durchläuft und eine Spirale aus Fasern erschaffen wird, die zuvor nicht vorhanden waren. Diese verdankt ihre Eigenschaften zwei getrennten Zellschichten, einer rückwärtigen an der Außenseite sowie einer steiferen an der Innenseite. Extrahiert man letztere, indem man das ganze übrige Gewebe entfernt, behält sie die exakte Form und Elastizität der ganzen Ranke bei, für die sie eine Art »Seele« darstellt. Die Verdrehung der Ranke erfolgt dank der asymmetrischen Kontraktion dieser beiden Schichten: Die innere, festere, zieht sich aufgrund eines rascheren Wasserentzugs auf ihrer ganzen Länge zusammen, schneller als die andere Lage. Es gibt tatsächlich auch nur eine Möglichkeit, um ihre Eigenschaften zu verändern: Taucht man dieses innere Band in Wasser, lässt die Verdrehung nach, weil die Zellen sich wieder mit Flüssigkeit vollsaugen und länger werden. Insgesamt verhält es sich mehr oder weniger wie Geschenkband, das sich hübsch aufrollt, wenn man mit einer Schere darüberstreicht, wie ich sie als Kind für meine Entdeckungstouren im Garten verwendete.

Stellt eure Uhr nicht nach den Pflanzen

Der verehrte Herr Linnæus, auch bekannt als Carl von Linné (1707–1778), ist für die eine oder andere unwesentliche Angelegenheit verantwortlich, die man mit gewissem Understatement als »verdienstvoll« bezeichnen könnte: Etwa die Klassifikation eines Großteils der weltweiten Flora oder die Definition universeller Kriterien, um lebende Organismen zu beschreiben und einzuteilen.

Während seiner endlosen Betrachtungen war ihm bewusst geworden, dass sich in den Gärten von Uppsala, im Norden Schwedens, einige Blütenkronen regelmäßig öffneten und schlossen, zu mehr oder weniger genauen Zeiten, was es möglich machte, die Uhrzeit annähernd zu bestimmen. Bewaffnet mit Herbarium und Kompass hatte er daraufhin ein Beet zur Zeitanzeige entworfen und eine Liste mit allen Pflanzen erstellt, die am besten zum schwedischen Klima passen, und sie bestimmten Uhrzeiten zugeordnet: Habichtskraut, Löwenzahn und Acker-Gauchheil entsprechen 9 Uhr, die Ringelblume 10 Uhr, Kalifornischer Mohn öffnet sich um 11 Uhr und so weiter. Linné zufolge konnten all diese Arten in der geeigneten

Reihenfolge angeordnet werden, um ein *horologium florae* zu bilden, wie er selbst seine Schöpfung 1751 nannte, eine Blumenuhr. Von einem Übermaß an naturalistischem Positivismus gepackt, hatte er daraufhin öffentlich verkündet, dass man, ausgestattet mit genügend Chronometer-Pflanzen, alle mechanischen Uhren Schwedens in Pension schicken könnte. Die einfachste Form der Linné'schen Uhr ist ein großes, in zwölf Felder eingeteiltes Beet, in die jeweils eine Pflanze eingesetzt wird, die zur entsprechenden Uhrzeit blüht. Dem schwedischen Botaniker war bereits aufgefallen, dass nicht alle zyklisch blühenden Pflanzen sich eigneten, und daher hatte er die Kandidaten in drei Kategorien unterteilt: eine erste, für die die Wetterverhältnisse ausschlaggebend sind (*meteorici*), eine weitere, deren Zugehörige sich an der Länge von Tag und Nacht orientieren (*tropici*), und schließlich tagneutrale Pflanzen, bei denen also die Dauer von Licht und Dunkelheit einen weniger großen Einfluss hat (*aequinoctales*).

Was jedoch Gärten betraf, war Linné ein ebenso eingefleischter Theoretiker wie der Autor dieses Buches und beschränkte sich daher auf das, was man heute als *Concept Design* bezeichnen würde: Einen Ideenentwurf, den er selbst nie in die Praxis umgesetzt, sondern willigen Nachfahren hinterlassen hat, die eher mit einer praktischen Gabe gesegnet waren. Wer aber versuchte, Linnés Konzept an einem anderen Ort in die Praxis umzusetzen, kam schnell ins Schwitzen wegen der Unterschiede von Breitengrad und Klima, die sich nämlich selbst im Bereich der tagneutralen Pflanzen deutlich bemerkbar machen, sobald man sich auch nur etwas weiter südlich befindet als Uppsala und andere Verhältnisse herrschen als im strengen Skandinavien. Tatsächlich gilt für beinahe alle Pflanzen mit dieser Eigenschaft und für viele von denen, die der schwedische Gelehrte für diesen konkreten Zweck aufgelistet hatte, dass Schließung und Öffnung der Blüte nicht ganz allgemein vom Voranschreiten der Zeiger abhängen, sondern an den Breitengrad und die Höhenlage gebunden sind. Einige sind besonders empfindlich, was die Länge der Nacht betrifft (ein Parameter, der von der Jahreszeit abhängt, aber auch vom Breitengrad), andere Pflanzen reagieren stärker auf die Temperatur (die mit der Tageszeit zusammenhängt, mit dem Klima und mit der Höhe und der Ausrichtung des Standorts), wieder andere werden von der Luftfeuchtigkeit aktiviert (die tatsächlich zwischen Tagesanbruch und Mittag stark variiert, ebenso wie zwischen Mittag und Mitternacht, aber auch vom Klima abhängt).

Die Tatsache, dass sich mechanische Uhren nach wie vor im Umlauf befinden, bezeugt, dass die Konstruktion einer Blumenuhr sich viel komplexer gestaltet, als Linné glaubte. Ein und dieselbe Spezies kann zu ganz unterschiedlichen Zeiten erblühen, je nachdem, an welchem Ort sie wächst. Man müsste also jede Uhr nicht nach Greenwich stellen, sondern nach dem jeweiligen Ort, wo die kleinen Uhrpflanzen ihre Wurzeln geschlagen haben. Die von Linné genannten Gewächse würden beispielsweise zunehmend später die Blüten öffnen, je weiter man sich auf den Äquator zubewegt, und auch ihre Anpassungsfähigkeit an die unterschiedlichsten Umweltbedingungen würde sich auf die Pünktlichkeit niederschlagen. Es ist nämlich gar keine Seltenheit, dass der Zeitpunkt für Öffnung oder Schließung ihrer Krone sich verändert und zwar aufgrund von Ereignissen, die eher mit dem Wetter zusammenhängen als mit der Uhrzeit: Der Bocksbart etwa, dessen Schließung Linné als Glockenschlag für 10 Uhr morgens vorschlägt, kann seine Öffnung um mehrere Stunden verlängern, wenn der Himmel wolkenverhangen ist. Der kalifornische Mohn denkt gar nicht daran, um Punkt ein Uhr mittags seine Blüte zu entfalten, wenn die Sonne nicht herrlich scheint. Die Blütezeiten wandeln sich auch mit dem Fortschreiten der Monate (am selben Ort öffnet sich der Löwenzahn im Mai zu einer anderen Zeit als Ende Juni), aber auch je nach Standort (eine Prunkwinde, die im vollen Sonnenschein wächst, öffnet sich früher als ein Exemplar, das sein Dasein im Schatten fristet) – gerade weil Pflanzen eben nicht die absolute Zeit messen. Zeit ist ein universelles Element, das auf dem ganzen Planeten mehr oder weniger gleichmäßig abläuft. Pflanzen sind jedoch plastische und unbeständige Organismen, die aus ihrer Fähigkeit, sich an die wandelbaren Verhältnisse auf der Erde anpassen zu können, ein Markenzeichen gemacht haben: Ihre Uhr wird niemals die universelle Zeit anzeigen, sondern die, die am ehesten ihrem Bedürfnis entspricht, mit der Welt zurechtzukommen.

IM GARTEN HERRSCHT
EIN KOMISCHES KLIMA

Eine der Hauptrollen im Film *Smoke – Raucher unter sich* wird von Harvey Keitel dargestellt, heißt Augustus und hat ein Hobby: Jeden Morgen um acht Uhr macht Augustus ein Foto von der Ecke 3rd Street und 7th Avenue in New York, an der sich auch sein Tabakladen befindet. Seine Momentaufnahmen vom Alltagsleben sind, wie er selbst zugibt, »alle gleich, aber trotzdem unterscheiden sie sich.« Dieser Rhythmus ist im Grunde derselbe, der sich auch einem Beobachter des Lebens in einem Garten darbietet und der sich nicht in der Momentaufnahme eines Tages zu erkennen gibt, sondern nur in der langen Verkettung der saisonalen Variationen. In der Vergangenheit sind tatsächlich ähnliche Projekte in Gärten durchgeführt worden, bei denen sich präzise Momente des Pflanzenlebens herauskristallisiert haben, wie die Blüte oder das Erscheinen der ersten Knospe. Oder aber sie erstellen fotografische Erzählungen über die verschiedenen Lebensphasen eines Baumes. An der Ecke zwischen 3rd Street und 7th Avenue des Big Apple gibt es keine Pflanzen, dafür finden sich umso mehr in den Fotos, die John H. Willis in seinem Garten im britischen Norfolk geschossen hat: in den Ecken, die von einer Gruppe Schneeglöckchen und einer Gruppe Osterglocken bewohnt sind, von dem Ast einer Rosskastanie und dem Ast einer Birke, alle jeweils am Neujahrstag zwischen 1913 und 1942 aufgenommen.

Wie die Fotos von Augustus sind auch diese alle gleich und dennoch unterschiedlich, und wie die Kleidung der unfreiwilligen New Yorker Komparsen haben auch die Schneeglöckchen und Osterglocken Norfolks unterschiedliche Jahreswechsel verbracht: In einigen Aufnahmen sind sie bereits stärker gewachsen (am 1. Januar 1913 sind sogar Ansätze einer Blüte zu sehen), während in anderen das Erwachen nach der winterlichen Ruhephase mit etwas mehr Faulheit vonstattengeht (1940 lugen sie noch nicht einmal aus dem gefrorenen Boden heraus). Die Fotos aus *Smoke* zeigen Tag für Tag die Folgen des unterschiedlichen Einfallswinkels, mit dem die Sonne im Wandel der Jahreszeiten auf die Erde fällt; Willis' Aufnahmen halten die Variable der Jahreszeit konstant, um die Auswirkungen des Klimas zu überwachen.

Tatsächlich wurde der Fotoroman von Osterglocke und Rosskastanie schon vor langer Zeit zu einem Datensatz, mit dessen Hilfe man im begrenzten Rahmen der Gärten ernstzunehmende und globale Phänomene studieren kann, wie beispielsweise die Reaktion von Organismen auf den Klimawandel. Von Anfang an hat John H. Willis' Fotosequenz kein künstlerisches Projekt dargestellt, sondern ein wissenschaftliches (mit über jeden Zweifel erhabenen ästhetischen Nebeneffekten: Die Bilder sind wunderschön!), das 1944 in Druck ging und den Titel *Weatherwise. England's weather through the past thirty years* erhielt. Das Buch hängt mit seiner Tätigkeit als Beobachter für die Royal Meteorological Society zusammen, die ein Netzwerk unterhielt, das sich der phänologischen Überwachung und der Korrelation mit dem Klima widmete – hierzu mehr im nächsten Kapitel.

Willis selbst gehörte zu einer Gruppe von 300 Freiwilligen, die zwischen 1875 und 1948 Jahr für Jahr die Blüte und das Wiedererwachen im Frühling von einem Dutzend Spezies an verschiedenen Orten in Großbritannien erfasst hat. Projekte dieser Art waren weder einmalig noch auf England beschränkt, und bis heute wird ein vergleichbares Projekt beispielsweise in Deutschland unterhalten: Seit 1951 wird mit Hilfe von 1500–4000 Personen der Wandel der Jahreszeiten basierend auf dem Verhalten von Pflanzen (und andersherum) gemessen. Der Schweizer Wetterdienst stützt sich auf Beobachtungen dieser Art, um Ratschläge für Landwirte und Hobbygärtner anzupassen.

DER WANDEL DER ZEIT

Nachforschungen dieser Art sind weit davon entfernt, einfach eine Form gärtnerischer Exzentrik darzustellen, sondern gehören zu den Tätigkeitsfeldern der Phänologie, also der wissenschaftlichen Disziplin, die biologische Phänomene erfasst, die mit einem bestimmten Tag im Jahr in Verbindung gebracht werden können: Das Erscheinen von Kaulquappen in den Teichen, das Ende der Dormanz nach dem Winter, das Fallen der ersten Blätter, Eintreffen und Abschied der Schwalben und natürlich auch das Ereignis schlechthin in jedem Garten, die Blüte.

Wird sie anhand der richtigen Kriterien betrieben, gestattet es die Phänologie, Datenreihen zu konstruieren, anhand derer man den Wandel eines bestimmten Ereignisses im Laufe der Zeit untersuchen kann. Unter anderem kann man es zu bestimmten anderen Variablen in Beziehung setzen, und die am meisten erforschte Variable ist die Schwankung in der Temperatur des Planeten aufgrund der globalen Erwärmung.

Wie bereits erwähnt, wird bei Pflanzen das Timing der Blüte darauf abgestimmt, dass die Blütenblätter sich nur öffnen, wenn die klimatischen Bedingungen optimal sind. In gemäßigten Klimazonen wie denen Europas ist die Blüte auf den Wandel der Jahreszeiten eingestellt und zwar anhand von Indizien aus der Umwelt, die mit der Dauer der Dunkelheit zusammenhängen, mit der Wellenlänge des Lichts und der Lufttemperatur. Während das Licht nur variiert, je nachdem auf welchem Breitengrad die Pflanze wächst, ist die Temperatur variabler und hängt eng mit dem Klima jedes einzelnen Jahres zusammen, wie die Fotos der Schneeglöckchen aus Norfolk beweisen.

Hauptsächlich sind phänologische Daten darauf ausgerichtet, die ersten Tage der Blüte zahlreicher Arten zu erfassen. Dabei muss eine Reihe von gemeinsamen Konventionen befolgt werden, um subjektive oder zeitlich schwankende Deutungen einzuschränken und um zuverlässige Angaben von unterschiedlichen Orten erhalten zu können. Beispielsweise sollte man sich einig sein, wie viele

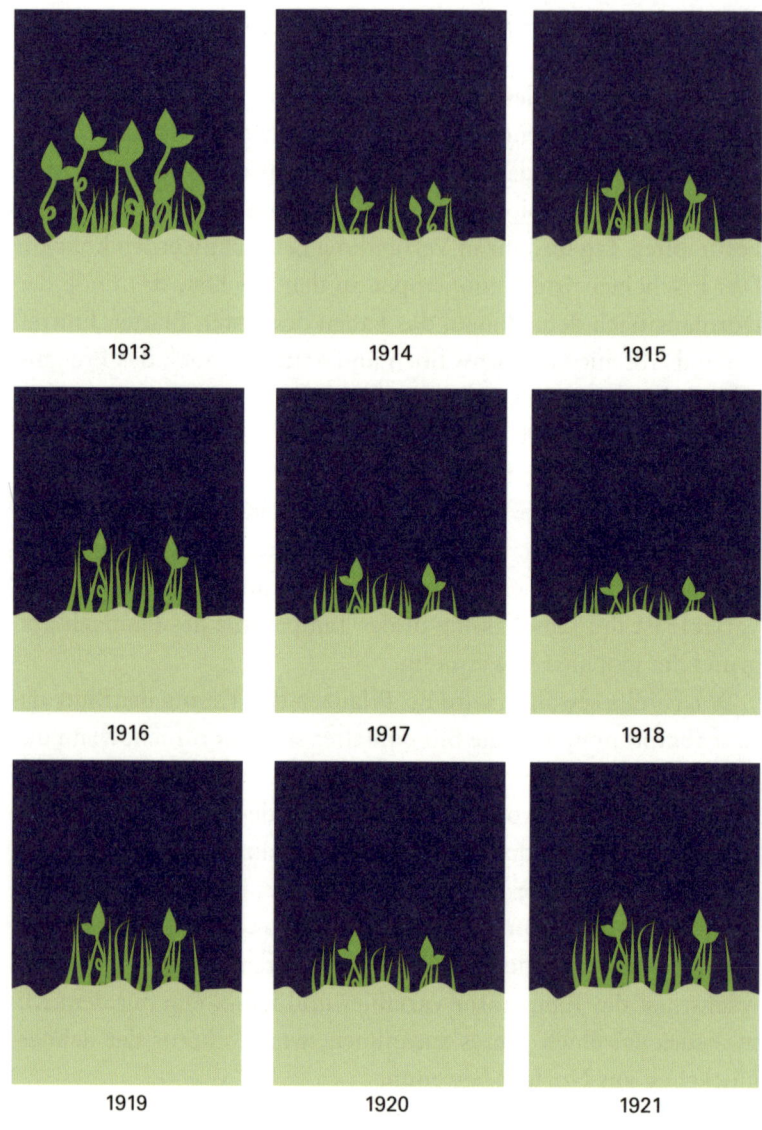

1913   1914   1915

1916   1917   1918

1919   1920   1921

Phänologische Studien der Gärtner ermöglichen es, die langfristige Reaktion bestimmter Pflanzen auf den Klimawandel zu rekonstruieren

Blüten geöffnet sein müssen, wie viele Standorte überwacht werden sollen und welchen Begriff von Blühen alle Beteiligten zu verwenden haben (der Augenblick, in dem Staubbeutel und Stempel sichtbar sind, ohne dass die Krone berührt werden muss). Dafür werden festgelegte Richtlinien wie die des Deutschen Wetterdienstes verwendet, die ein strenges und universelles System gewährleisten. Sie legen auch nahe, das Pflanzenverhalten für mindestens 20 Jahre zu beobachten, bevor belastbare Aussagen daraus gewonnen werden können.

Gartenphänologie ist kein Amateur-Zeitvertreib für bizarre Hobbygärtner, aber auch keine alchemistische Hellseherei. Sie ist vielmehr ein wichtiges Instrument, um die Anpassungsfähigkeit von Pflanzen zu überwachen und vorherzusagen, wo sie sich in den nächsten Jahren befinden werden, sowohl den Standort als auch ihr Verhalten betreffend. In vielen Ländern existieren tatsächlich amtliche Netzwerke, an denen Privatgärten, öffentliche Einrichtungen und botanische Gärten beteiligt sind und aus diversen Gründen einen Grundpfeiler darstellen. Vor allem werden sie von Personen verwaltet, deren Fachkenntnis das Risiko für ungenaue Eintragungen deutlich verringert. Auch bleibt ihr Standort über Jahrhunderte konstant, was es ermöglicht, die gesammelten Daten langfristig zu bewahren. Zudem können sie unter kontrollierten Bedingungen Kombinationen von idealen Pflanzen aufnehmen, und es ist relativ einfach, ihre Tätigkeit zu koordinieren, um die gleichen Pflanzen auch in weit entfernten Gebieten zu überwachen.

Das hat beispielsweise 1959 die Geburt eines Projektes ermöglicht, an dem 50 botanische Gärten in ganz Europa beteiligt sind und das von der Humboldt-Universität zu Berlin geleitet wird: Es heißt *Internationale Phänologische Gärten* (IPG) und beschränkt sich nicht darauf, das Datum der Frühlingsblüte aufzuzeichnen: Die Teilnehmer sind vielmehr das ganze Jahr über tätig und registrieren Blattentfaltung, Fruchtreifung, Laubverfärbung und Blattfall. Dabei werden überall die gleichen Pflanzen überwacht (und in vielen Fällen handelt es sich um Stecklinge einer einzelnen Mutterpflanze, um die genetische Abweichung zu reduzieren), jede Veränderung wird notiert und zum Klima in Beziehung gesetzt. Derzeit verfügt das Projekt über mehr als 65 000 Beobachtungen zu 23 Arten von Gräsern, Bäumen und Sträuchern überall auf dem Kontinent: Von Kerry in Irland bis nach Simeria in Rumänien, von Antibes in Frankreich bis nach Oulu in Finnland. So werden botanische Gärten von einfachen Ausstellungsorten zu handfesten wissenschaftlichen Messinstrumenten.

PHÄNOLOGIE FÜR ALLE:
CITIZEN SCIENCE IM GARTEN

1736 war von Klimawandel freilich keine Rede, und auch die Wissenschaft hatte noch eine andere Form und Bedeutung als heute. Die industrielle Revolution steckte in den Kinderschuhen, Linné hatte vor kurzem das System der binären Nomenklatur für die Klassifikation der Pflanzen eingeführt und in Stratton Strawless, einem Städtchen im englischen Norfolk, setzte sich Robert Marsham gerade daran, seine *Indications of Spring* abzufassen, ein Notizbuch, in dem er genauestens die Anzeichen für den Frühlingsanfang festhielt, unter anderem die Blüte der Schneeglöckchen, der Rüben, des Weißdorns und der Anemonen. Eine möglicherweise manische Angewohnheit, eine schriftliche Version *ante litteram* der urbanen Fotografie aus *Smoke* und vor allem der Aufnahmen von John Willis. Jedenfalls handelte es sich um eine Angewohnheit, die Marsham bis zu seinem letzten Frühling beibehalten hat und die anschließend seine Nachkommen fortgesetzt haben. Sage und schreibe 211 Jahre lang wurden diese Aufzeichnungen gemacht, bis im Jahre 1958 irgendein Halunke auf die unglückselige Idee kam, einen der vielen Urenkel Robert Marshams von der Sinnlosigkeit der Tätigkeit zu überzeugen.

Zwar handelt es sich hierbei nach wie vor um die längste phänologische Reihe, aber weitere leidenschaftliche Pflanzenfreunde haben in anderen Ländern vergleichbare Aufzeichnungen angefertigt und fertigen sie auch weiterhin an, sowohl in gepflegten Gartenanlagen als auch an stärker dynamischen und unruhigeren naturbelassenen Standorten. Wie etwa die Familie Leopold aus dem US-Bundesstaat Wisconsin von 1936 bis 1998, oder die Familie Juhonsalu in Finnland, deren Notizen 1952 beginnen und ständig erweitert werden, oder wie Mr. Robinson und seine Erben, die seit 120 Jahren aufschreiben, welche Bestäuber sich auf den Blüten in ihrem Garten im US-Staat Illinois niederlassen.

Viele dieser historischen Sammlungen sind hoch angesehen, da sie die Möglichkeit bieten, zuverlässige Hinweise bezüglich der Reaktion von Pflanzen auf Klimaveränderungen zu gewinnen. Tatsächlich sind sie von so großer Relevanz, dass auch wissenschaftliche Institutionen sie als Analyseinstrument verwenden, etwa wenn es darum geht, eine mögliche Entkoppelung zwischen Blütezeit und der Verfügbarkeit von Bestäubern im Frühjahr besser einzuschätzen. Individuelle und langfristige Beobachtungen in naturbelassener Umgebung oder ländlichen Gärten sind komplizierter als etwa in botanischen Gärten oder in offiziellen Netzwerken.

Pflanzen an »wilderen« Standorten sind nämlich einem größeren Risiko ausgesetzt, einfach von einem Jahr auf das andere zu verschwinden, aufgrund von Frost, Trockenheit oder Konkurrenz. Dennoch sind die Daten, die sie liefern, genauso wichtig und stellen eine wertvolle Ergänzung zu den offizielleren und eher städtisch verorteten dar – die schließlich ebenfalls einigen Einschränkungen unterliegen können, wie etwa einem unterschiedlichen Temperaturanstieg zwischen urbanen Gebieten, wo sich im Allgemeinen die meisten botanischen Gärten befinden, und ländlichen Bereichen. Außerdem können verschiedene Arten unterschiedlich auf Temperaturveränderungen reagieren. Neben einer detaillierteren Erschließung der betrachteten Landstriche gewährleistet die Berücksichtigung einer größtmöglichen Zahl an Pflanzen verlässlichere Auswertungen, anhand derer Vorhersagen getroffen werden können, mit welchen Szenarien in der Landwirtschaft und beim Gärtnern zu rechnen sein wird.

Beobachter gibt es jedoch nicht nur in Deutschland und Großbritannien, und in letzter Zeit – auch dank der zunehmenden Verbreitung von digitalen Fotoapparaten und online-Werkzeugen – entstehen zahlreiche »*Citizen Science*«-Projekte (auf Deutsch etwa: Wissenschaft für Bürger), die sich mit Phänologie und Vorhersagen zum Klimawandel befassen. Seit mehreren Jahren durchstreifen gewöhnliche Forscher-Bürger von *Project Budburst*, des *National Phenology Network* und von *Nature's Calendar* die Wiesen und Wälder Nordamerikas. Sie kontrollieren Pflanzen, die von einem Expertenteam ausgewählt wurden, registrieren dabei bestimmte, vorher ausgewählte Daten zu biologischer Aktivität und leiten ihre Funde an Koordinatoren weiter. Die Koordinatoren vergleichen diese Daten ihrerseits mit den verfügbaren historischen Informationen und denen zu Klima und Temperatur. In Kanada ist das Projekt *Plantwatch* inzwischen seit fast einem Jahrzehnt aktiv und befasst sich nicht nur mit Pflanzen, sondern auch mit Eis, Lurchen und sogar Regenwürmern. Alle Ergebnisse sind öffentlich einsehbar, und in manchen Fällen wird die Verarbeitung und Auswertung der Daten gemeinsam mit den Teilnehmern vorgenommen, die ihre Beobachtungen eingereicht haben. Die Untersuchungen dieser direkten, wenngleich wissenschaftlich koordinierten »Volkswissenschaft« haben nicht nur das Verdienst, ihre freiwilligen Teilnehmer durch Wald und Tundra zu scheuchen, um den Pulsschlag der Natur zu fühlen, zu sehen und zu riechen, und das Ihrige zu leisten, um zu verstehen, was aus uns werden wird. Tatsächlich liegt ihr besonderer Wert auch im Modell an sich, das einerseits Amateure und Wissenschaftler näher zusammenbringt, potenzielle oder angehende Forscher und Profis, und andererseits die Menschen ermuntert, sich mit der Natur und mit wissenschaftlichen Methoden vertraut zu machen, indem es sie aktiv an einem konkreten Vorhaben teilhaben lässt.

GÄRTEN SIND AUCH NICHT MEHR DAS, WAS SIE MAL WAREN

Mehrere Dutzend phänologische Projekte aus den USA, aus Europa und aus Asien, von Amateuren durchgeführte ebenso wie öffentliche und fachwissenschaftliche, haben als Ausgangspunkt für zahlreiche Studien gedient, die allesamt darin übereinkommen, dass der Frühling seine Ankunft in den Gärten konstant nach vorne verlegt: um durchschnittlich 2,5 Tage je Jahrzehnt im Zeitraum von 1970 bis 2000, und noch schneller seit Anbruch des neuen Jahrtausends. Die überwachten Pflanzen haben verraten, dass der Frühling vor 50 Jahren im Durchschnitt 6,3 Tage später eingesetzt hat und dass im Gegenzug der Herbst heutzutage 4,5 Tage später im Garten einfällt – das heißt, die durchschnittliche Vegetationsperiode, also die Phase jeden Jahres, in der die Pflanze wächst und sich entfaltet, hat sich in Europa um rund 11 Tage verlängert. Von den 11 Pflanzen, die überall in den Vereinigten Staaten von den *Citizen Scientists* von *Project Budburst* beobachtet werden, haben sieben ihre Blüte deutlich vorverlegt.

Die Entwicklung scheint jedoch geographisch betrachtet nicht einheitlich zu sein und hat für Mittel- und Westeuropa einen um 4 Wochen verfrühten und für Osteuropa einen um zwei Wochen verspäteten Frühlingsanfang in den Jahren 1951–1998 ermittelt, mit zunehmend ausgeprägteren Phänomenen, je weiter man sich von den Tropen weg und auf die Pole zu bewegt. Eine Studie zu fast 400 Arten in Großbritannien hat ergeben, dass die Veränderungen vermehrt in den letzten Jahren auftreten, während es in den vergangenen 40 Jahren keine großen Abweichungen gegeben hat. Indem man phänologische und klimatische Daten kombiniert hat, konnte das Ausmaß der Verfrühung mit der Erderwärmung korreliert werden. Eine Temperaturzunahme um 1 °C hat demnach je nach Spezies einen um 2–10 Tage früher eintretenden Frühling zur Folge.

Basierend auf diesen Werten könnte in Mitteleuropa je nach Szenario die Klimaerwärmung zur Folge haben, dass im Jahr

2100 viele Pflanzenarten 20–35 Tage früher blühen. Dabei wird selbstverständlich nicht nur die Temperatur während der Blütezeit berücksichtigt, sondern auch die der Monate zuvor. Das ist ein Zeichen dafür, dass das im Frühling sichtbare Resultat nicht bloß das Ergebnis einer punktuellen Temperaturveränderung während einer bestimmten Phase des Jahres ist. Vergleichenden Untersuchungen zufolge sind außerdem einjährige Arten empfindlicher und neigen dazu, 10 Tage früher zu blühen als mehrjährige, während von den Gehölzen Sträucher empfindlicher sind als Bäume.

Gleichzeitig reagieren unterschiedliche Pflanzen verschieden auf Temperaturveränderungen. Angesichts einer Erwärmung um 1 °C können die Reaktionen mitunter sehr gegensätzlich ausfallen: *Geranium robertianum* verlegt die Blüte um fünf Wochen vor, während die Pestwurz die Blüte um sechs Wochen hinauszögert. Aus genau diesem Grund müssen phänologische Untersuchungen an mehreren Pflanzen gleichzeitig durchgeführt werden: Wie sagt schon der phänologische Volksmund? Eine Schwalbe macht noch keinen Frühling …?

WENN KLIMAZONEN WANDERN

In Japan, während der flüchtigen Kirschblüte, ergänzen die Nachrichtensendungen ihre üblichen Wettervorhersagen mit Karten, auf denen der Fortschritt der Blüte Region für Region dargestellt ist. Es sind sogar Isothermen (Gebiete mit gleicher Temperatur) eingezeichnet, die den Einwohnern und Touristen dabei helfen sollen, den richtigen Ort und die richtige Zeit auszuwählen, um das *Hanami* richtig genießen zu können – das rosafarbene Spektakel der blühenden Bäume. Die Farbexplosion hängt zum großen Teil mit dem Klima und einer ganzen Reihe von kombinierten Faktoren zusammen – Temperatur, Niederschläge, Sonnenscheindauer –, weshalb der *magic moment* jedes Jahr an einem anderen Ort zu einer anderen Zeit liegen kann, mit einem Gradienten, der von Süden nach Norden zunimmt. Auch das Hanami ist einer zunehmenden Verschiebung ausgesetzt: Verglichen mit der Vergangenheit kann es fünf bis sieben Tage früher einsetzen bzw. an einem bestimmten Datum bis zu 150 Kilometer weiter nördlich stattfinden; das bezeugen entsprechende Kartendarstellungen sowie messbare Entwicklungen, deren Datierung weit zurückliegt. Dank der kulturellen Bedeutung dieser Blüte konnte man ihre Abhängigkeit vom Klima anhand historischer Aufzeichnungen nachweisen, die bis ins zehnte Jahrhundert zurückreichen.

Was in Japan geschieht, ist jedoch nur eine unter vielen klimatischen Veränderungen, die eine direkte Verbindung zwischen Landkarten und Pflanzen gestatten, und eine verfrühte Blüte ist nur ein Beispiel dafür, wie sie auf den Klimawandel reagieren. Variationen bei der Fruchtbildung und geschmackliche Veränderungen bei essbaren Früchten gehören ebenfalls dazu wie auch eine fortschreitende Migration von Pflanzenarten in Richtung von Klimazonen, die optimal für ihre Bedürfnisse sind. Mit den offensichtlichen raumzeitlichen Beschränkungen, denen eine Fortbewegung anhand von Samenverteilung nun einmal unterworfen ist, passt sich nämlich auch die Pflanzenwelt an die klimatischen Veränderungen an.

Experten für Phyto- oder Pflanzengeographie sind dem Phänomen schon länger auf der Spur und messen die Wanderungen, um die Kartierung der Areale anzupassen. Für die Vereinigten Staaten und Europa liegen sogenannte *hardiness maps* vor, Landkarten, die in verschiedene Klimazonen eingeteilt sind, welche wiederum mit der Winterhärte der Pflanzen zusammenhängen. Sie bestimmen, welche Vegetationszonen sich am besten für welche Arten eignen, und können daher genutzt werden, um zu entscheiden, was man am besten wo pflanzt. Sie werden nicht anhand der tatsächlich vorhandenen Pflanzen an den jeweiligen Orten erstellt, sondern werden im Gegenteil in regelmäßigen Abständen auf der Grundlage von effektiven Klimadaten entworfen und mit Empfehlungen versehen, welche Pflanzen für welche Zonen am ehesten infrage kommen. Die unterschiedlichen Bereiche liegen wie

Anhand einer *hardiness map* mit den Winterhärtezonen Europas
kann man sehen, welche Pflanzen sich für welchen Klimabereich eignen

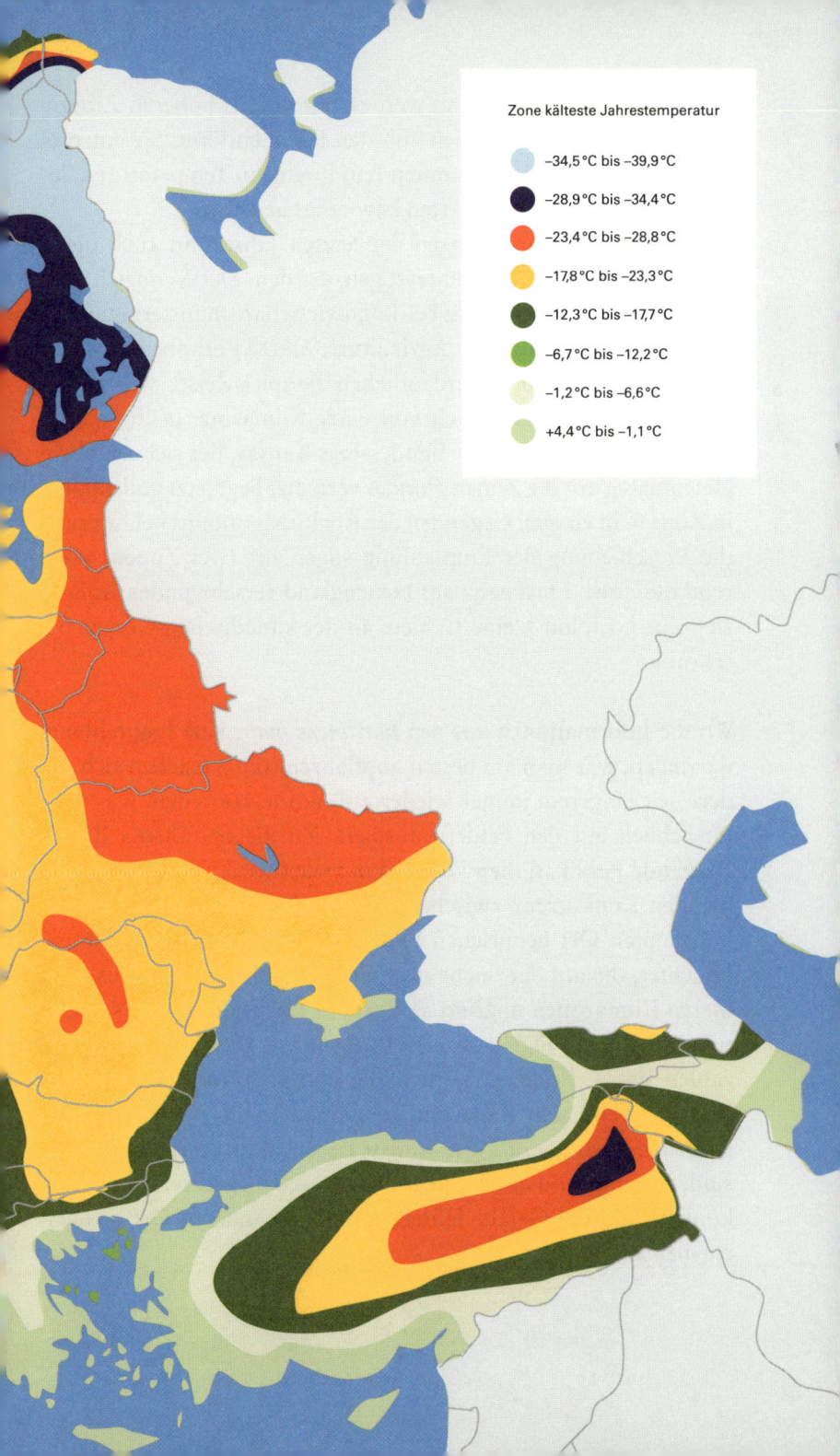

Zone kälteste Jahrestemperatur

- −34,5 °C bis −39,9 °C
- −28,9 °C bis −34,4 °C
- −23,4 °C bis −28,8 °C
- −17,8 °C bis −23,3 °C
- −12,3 °C bis −17,7 °C
- −6,7 °C bis −12,2 °C
- −1,2 °C bis −6,6 °C
- +4,4 °C bis −1,1 °C

Bänder um den Globus und werden mit jeweils höheren Ziffern versehen, je weiter man sich von den Polen entfernt. Sie entsprechen demnach einer bestimmten Bandbreite an Temperaturen, innerhalb derer bestimmte Arten bevorzugt gedeihen.

Infolge der Veränderungen der letzten Jahre sind auch diese Karten Überarbeitungen unterzogen worden. Der Vergleich zwischen Daten, die 1990 vom US-Landwirtschaftsministerium (United States Department of Agriculture, USDA) erhoben wurden, und denen von 2006 verdeutlichen beispielsweise, wie ganze Landstriche nach und nach von einer Klimazone in die nächste übergegangen sind. Der Bundesstaat Kansas, der sich ziemlich gleichmäßig auf die Zonen 5 und 6 verteilte, liegt jetzt vollständig in Zone 6. In einigen Gegenden der Rocky Mountains beläuft sich die Verschiebung der Empfehlung sogar auf zwei Zonen, während die Zone 3 fast ganz aus Neuengland verschwunden ist und sich nur noch auf kleine Gebiete an der kanadischen Grenze beschränkt.

Wo die Informationen aus den *hardiness maps* eine Empfehlung darstellen, was man am besten anpflanzen sollte, machen sich andere seit längerem immer wieder auf, um festzustellen, was sich tatsächlich auf den Feldern abspielt. Zu diesem Thema liegen Dutzende Publikationen vor, und in vielen wird von einer zunehmenden Konkurrenz zwischen endemischen, also nur an einem bestimmten Ort heimischen Pflanzen, und anderen Gewächsen berichtet, die auf der Suche nach einem kühleren Heim aus wärmeren Klimazonen migriert sind, sei es von Süden nach Norden, sei es aus dem Hügelland ins Hochgebirge. Den höchsten Preis zahlen dabei diejenigen Arten, die extreme Nischen ausfüllen (beispielsweise sehr kalte und sehr hohe Lagen – aber es trifft natürlich auch Spezies, die an den Lebensraum Küste angepasst sind, der aufgrund des Anstiegs des Meeresspiegels verschwinden könnte) und die Gefahr laufen, an keinen anderen Ort ausweichen zu können.

|||||||||||||||||||||||||||||||||||

Der Berg ist der Beweis

|||||||||||||||||||||||||||||||||||

Gäbe es eine Topographie der Wissenschaft, läge an der Kreuzung zwischen der Botanik-Allee und der Geographie-Straße ohne Zweifel ein weitläufiger und baumgesäumter Park mit dem schönen Namen von-Humboldt-Platz. Benannt wäre er nach einem deutschen Herrn, der zwei große Leidenschaften pflegte: die Welt zu bereisen und Lebewesen zu erforschen. Alexander von Humboldt (1769–1859) war ein sehr methodischer Typ, der es liebte, alles, was die Natur ihm vor die Nase (und die Augen) setzte, mit teutonischer Präzision zu verzeichnen. Zu jedem Fund notierte er genaueste topographische Angaben, vielleicht um seine Passion für Geographie mit der taxonomischen zu verbinden. Tatsächlich gehört zu seinen größten Leistungen die Schöpfung der Biogeographie (oder Vegetationsgeographie), also der wissenschaftlichen Disziplin, die Pflanzen und Tiere mit geographischen Koordinaten in Zusammenhang bringt. Humboldt hob sie aus der Taufe, indem er akkurate Bestandsaufnahmen von Flora und Fauna mit detaillierten Flächen- und Höhenmessungen kombinierte. Studien dieser Art, die heute bequem mit Hilfe von GPS durchgeführt werden können, sind von grundlegender Bedeutung, nicht nur, um seltene Pflanzen in ihrer natürlichen Umgebung wiederfinden zu können, sondern vor allem um zu verstehen, wie sich verschiedene Spezies in einem Lebensraum ausbreiten und inwiefern Pflanzen und Klima zusammenhängen.

So erklärt die Biogeographie beispielsweise, wie sich Pflanzen entlang der Höhenstufen eines Berges anordnen, wo in jeder Höhenlage unterschiedliche Temperaturverhältnisse und eine jeweils verschiedene Sonnenexposition das Ansiedeln bestimmter Gruppen begünstigt.

Vor mehr als 200 Jahren befand sich Humboldt in Ecuador, um die Vegetation auf den steilen Hängen des Chimborazo zu kartieren, dem höchsten Vulkan der Anden. Brillant wie er war, wusste der Gelehrte, dass ein Bild mehr aussagt als lange Listen voller botanischer Namen, neben denen sich Ziffern häufen, die Höhen und Koordinaten ausdrücken. Also fügte er seiner Untersuchung eine Darstellung bei, auf der die Höhen-

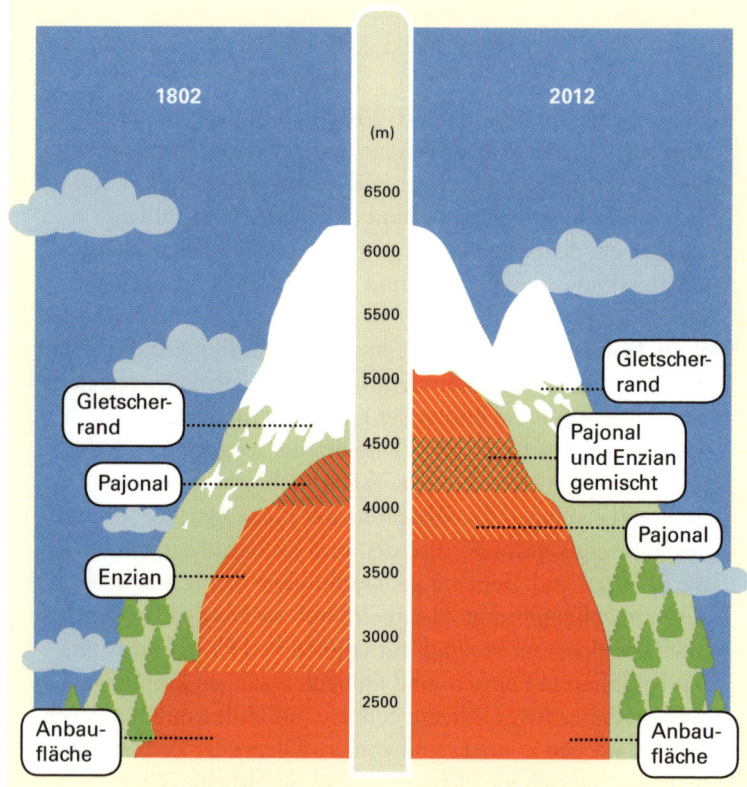

(m)

6500

6000

5500

5000

4500

4000

3500

3000

2500

Gletscher-rand

Pajonal

Enzian

Anbau-fläche

Gletscher-rand

Pajonal und Enzian gemischt

Pajonal

Anbau-fläche

Höhenstufen des Chimborazo damals und heute

meter und die Topographie des Vulkans eingezeichnet waren, aber auch die Pflanzen, die auf den diversen Ebenen des vertikalen Gartens hauptsächlich vorkamen. Heutzutage würde man das als eine elegante Infografik bezeichnen. 200 Jahre später hat eine Gruppe dänischer Forscher sich dieselbe Arbeit noch einmal gemacht, um festzustellen, ob der stattfindende Klimawandel sich auf die Verteilung der Bewohner auf den verschiedenen Etagen des Chimborazo ausgewirkt hat. Die Wissenschaftler haben ihre Ergebnisse in mehr oder weniger derselben Infografik zusammengefasst, und wir können jetzt eine Runde »Finde die Unterschiede« spielen.

Ausgerüstet mit Humboldts Karten haben die Forscher den Aufstieg begonnen, konnten aber nicht finden, wonach sie

suchten. Erst nach mehreren Tagen und ein gutes Stück weiter
oben sind sie auf die Bewohner des Chimborazo gestoßen, die
der deutsche Entdecker verzeichnet hatte. Die Arten haben
sich tatsächlich um 675 Meter weiter nach oben begeben, um
die Kühle zu finden, die für die Keimung ihrer Samen und ihr
eigenes Leben am besten geeignet ist. Zu Humboldts Zeiten
machten die höheren Pflanzen bei 4600 Metern Halt. Jenseits
dieser Grenze waren die Umweltbedingungen zu ungastlich,
außer für so hartgesottene Geschöpfe wie Flechten. Inzwischen ist diese Marke auf 5200 Höhenmeter hinaufgeklettert,
was teilweise auch am Rückgang der Gletscher liegt, die auf
ihrem Rückzug Raum freigelegt haben, der zuvor vom ewigen
Eis bedeckt war.

Auch die Verteilung der Vegetationsbereiche hat sich verändert. Ganze Pflanzenverbände haben sich auf Höhen begeben,
auf denen heute die Temperaturen herrschen, die sich früher
weiter unten am Berg fanden. Humboldt hatte beispielsweise
die Schicht, die sich vor allem durch Enziane und eine der
Golddistel ähnliche Pflanze auszeichnete, zwischen 2000 und
4100 Metern verzeichnet. In der darüber liegenden Schicht, bis
4600 Meter, befindet sich in seinen Darstellungen eine Zone
namens Pajonal mit Wiesen, die sowohl der Kälte als auch der
intensiven ultravioletten Strahlung widerstehen. Heute befindet sich die Enzian-Schicht in einem schmaleren und höher
gelegenen Streifen, zwischen 4200 und 4600 Metern, während
der Pajonal sich jetzt über einen viel größeren Bereich erstreckt.

Das Schauspiel, das sich hier bietet, ist also kein einfaches
paralleles Erklimmen des Berges, vielmehr ändern sich die
Kräfteverhältnisse, und Arten, die sich am schnellsten anpassen können, wie etwa die Hochgebirgsgräser des Pajonal, werden davon begünstigt. In Wahrheit stellt die Ausweichbewe-
gung nach oben nicht die einzige Möglichkeit für Pflanzen dar,
die keine Wärme mögen: Sie könnten auch auf die schattigere
Seite des Berges umziehen, also die mit der nördlichsten Ausrichtung – die ihrerseits aber auch eine bestimmte Klientel von
Pflanzen beheimaten würde, die ausweichen müsste, sodass
diese Option einen doppelten Domino-Effekt ergibt, erst hori-
zontal, dann vertikal. Die Dinge haben sich jedoch nicht nur

um den Gipfel des Berges verändert, sondern auch in den tieferen Bereichen. Wo 1802 Landwirtschaft oberhalb von 3000 Metern noch selten war, wird sie im Jahr 2012 bis auf 3800 Meter ständig betrieben. Die veränderten Bedingungen haben es möglich gemacht, Weiden und andere landwirtschaftliche Nutzungsformen in Höhen zu etablieren, die in der Vergangenheit nicht genutzt werden konnten. Das wiederum hat es verschiedenen, weniger wilden Arten aus dem Umfeld des Menschen ermöglicht, Bereiche zu kolonisieren, die früher wilden Pflanzen vorbehalten waren und die jetzt Gegenstand erbitterter Konkurrenzkämpfe sind – zu den neuen Arten gehören etwa Klee und Ampfer, die ein Ambiente, das der Mensch durch seine Aktivitäten erschlossen hat, durchaus zu schätzen wissen.

Beobachtungen dieser Art sind bei weitem keine Seltenheit und stellen vielmehr die gängige Praxis auf jedwedem Berg dieses Planeten dar. Auch in den Alpen wird Entsprechendes regelmäßig festgestellt. Gerade bei tropischen Bergen wie dem Chimborazo ist es jedoch alarmierend, welches Ausmaß die Verschiebung genommen hat. Schätzungen zufolge hat sich während der letzten beiden Jahrhunderte die Durchschnittstemperatur in Ecuador um zirka 1,6 °C erhöht, was bezogen auf die Gebirge einer Verschiebung in die Höhe um rund 400 Meter entsprechen würde, mit etwa 10–15 Metern im Jahr. In den Tropen läge der Rhythmus doppelt so hoch, wodurch sich die problematische Lage deutlich verschärft. Nicht alle Pflanzenarten sind nämlich gleichermaßen gut darin, sich dem Rhythmus dieses Wandels anzupassen, der, verglichen mit den normalen Zeiträumen der Evolution, zu schnell erfolgt – und das verdeutlicht, wie dieses Phänomen sich nicht nur auf unsere künstlich angelegten, sondern auch und gerade auf die in allen Bereichen des Planeten natürlich entstandenen Gärten auswirkt.

FLIEGENDES ORIGAMI

Gestern hat ein Vorgeschmack auf den Sommer unseren Rasen mit einem schwefelgelben Schleier bedeckt. Ursprung waren die Atlas-Zedern, die mit spektakulären Effekten ihren Pollen in die Luft abgegeben haben. Betrachtet man die dem Schicksal ausgelieferten Wölkchen, fragt man sich unwillkürlich, wie weit diese winzigen Schiffchen voller Leben reisen werden, bevor sie ihren Zielhafen erreichen. Wie lange werden sie unterwegs sein? Werden sie es schaffen? Vielleicht liegt es daran, dass viele Forscher allergisch sind, jedenfalls gibt es Studien zur Struktur und Verteilung von Pollen wie Sand am Meer. Und wenngleich die Frage mit der Guinness-Buch-Distanz beantwortet werden kann, gibt es praktisch keine Grenze: Ein Pollenkorn, das in großer Höhe durch die Turbulenzen segelt, kann die Welt häufiger umrunden als Phileas Fogg. Im Fall der Koniferen liegt der gemessene Rekord bei über 4500 Kilometern. Wie bei Astronauten ist es eine Sache, zu den Sternen zu reisen, eine ganz andere jedoch, den Stern lebend zu erreichen und somit die fruchtbare Mission im Namen des Vaters zu einem glücklichen Ende zu bringen. Hier wird die Wissenschaft der Luftströme von der Biologie in ihre Schranken verwiesen; es stimmt zwar, dass das Pollenschiff genauso robust ist wie sein intergalaktisches Pendant von der NASA, und außerdem mit Hightech-Systemen ausgerüstet, die die Reise erleichtern sollen, aber seine genetische Ausstattung ist mit einem Verfallsdatum versehen, genauso wie die der Astronauten. Bei einem anderen Nadelbaum, der Weihrauch-Kiefer (*Pinus taeda*), hat man festgestellt, dass in einem Umkreis von 40 Kilometern ab ihrem Ursprung nur 50 % der Pollenkörner bei Kontakt mit einer weiblichen Blüte keimen. Die Keimfähigkeit des Pollens ist nicht bei allen Arten gleich.

Sie hängt vielmehr damit zusammen, wie sie sich in ihren Öko-systemen eingerichtet haben: Einige Rosskastanien können eine Entfernung von 400 Kilometern erreichen, und bestimmte Rosen-gewächse (*Rosaceae*) weisen auch 4–5 Tage nach der Öffnung der Staubbeutel noch über 70 % Fruchtbarkeit auf, ganz unabhängig von der zurückgelegten Entfernung.

Denn viel mehr als die Distanz zählt die Zeit, und wenn man für *Pinus Sylvestris* (die Waldkiefer) auch jenseits der 400-Kilometer-Marke eine gute Keimfähigkeit veranschlagt, die es gestattet, fruchtbare Reproduktion auch zwischen weit entfernten Popula-tionen zu gewährleisten, so gilt das nur, wenn der Wind stark ge-nug ist, um diese Strecke innerhalb eines bestimmten Zeitraums zurückzulegen. Bei Mais beispielsweise halbiert sich die Keimfä-higkeit innerhalb von vier Stunden nach der Abgabe, bei Weizen und Gerste liegt der Wert sogar unter zehn Minuten.

Mit anderen Worten: Es gibt eine erhöhte »Zerbrechlichkeit« in Zusammenhang mit UV-Strahlen und einen massiven Feuch-tigkeitsverlust. Diese Verhaltensweisen offenbaren eine gewisse Tendenz: Arten, die nahe beieinander leben können, benötigen keinen Pollen, der auf der Langstrecke Leistung bringt, während besonders verstreute Arten mehr in längere Haltbarkeit investiert haben. Bestimmte Orchideenarten, die sich an sehr fragmentier-te ökologische Nischen angepasst haben, weisen auch 50 Tage nach Abgabe des Pollens noch eine akzeptable Keimfähigkeit auf, während Monokotyledonen (einkeimblättrige Pflanzen) wie der Rohr-Schwingel (*Festuca arundinacea*) dazu neigen, horizontale Wohngemeinschaften in Wiesen zu bilden – deren Pollen verliert nach nur 90 Minuten jegliche Fruchtbarkeit.

DAS LEBEN STECKT IN DEN FALTEN

In der allgemeinen Vorstellungswelt sind Austrocknung (*Dehydratation*) und Falten Synonyme für Schäden, Alterung, Sterilität oder, anders gesagt, das genaue Gegenteil der ungebremst lebenslustigen Explosion der Pollen, die mit dem Frühling einhergeht. Gleichzeitig kann Dehydratation auch das umgekehrte Resultat erzielen, nämlich Lebenskraft erhalten oder schützen: Ein geringes Maß an freiem Wasser ist gleichbedeutend mit dem Verharren von Verfallsprozessen in Nahrungsmitteln, und ein zu feuchter Samen würde gären, bevor er keimt, um nur zwei einfache Beispiele zu nennen.

Gerade auf der Suche nach dem perfekten Gleichgewicht zwischen »trocken, aber nicht ausgetrocknet« und »gerade feucht genug« basiert ein großer Teil der Entwicklungsgeschichte der Festlandsvegetation. Algen beispielsweise benötigen noch eine ganze Menge Flüssigkeit, um die Bewegung ihrer Fortpflanzungszellen, der Gameten, zu ermöglichen, aber schon Farne kommen mit viel weniger aus. Wo dem Pollen des Ginkgo nur einige wenige Tröpfchen genügen, um seine reproduktive Mission abzuschließen, kommen alle höher entwickelten Pflanzen ganz oder zumindest fast ganz ohne Wasser aus. Diese fortschreitende Befreiung hat es möglich gemacht, in zunehmend weniger feuchte Zonen vorzudringen (in denen folglich auch noch keine Konkurrenz lebte), der Nachkommenschaft die Erschließung neuer Bereiche zu sichern und in amourösem Bestreben zueinanderzufinden, selbst wenn die Pflanzen zu Fernbeziehungen gezwungen waren: von einem Garten zum nächsten, von einem Wald zum anderen und von einem Teil des Kontinents zum entgegengesetzten.

Pollen und Samen sind dabei mit am stärksten von dieser Transformation beeinflusst worden. Beide verlassen die Mutterpflanze, um Zeit und Raum zu erobern, aber wo wir Samen ohne Probleme mit dem bloßen Auge erkennen können, bleibt Pollen geheimnisvoller, dank seiner winzigen Ausmaße. Der im Pollenkorn enthaltene Gamet braucht ideale Bedingungen für seine Erkundung der Raumzeit und unterliegt dabei einigen Einschränkungen: Schutz vor Luft und Strahlung, ein feuchtes Mikroambiente im Inneren, das dennoch eine Kommunikation mit der Umwelt ermöglicht, und die Verfügbarkeit einer Reisegelegenheit, mit der die größtmögliche Entfernung überwunden werden kann. Nur so kann der männliche Gamet einer Pflanze sich auf seiner kurzen oder langen Reise vollständig aus der Abhängigkeit von Wasser (und den damit verbundenen Risiken) lösen.

Um zu verstehen, wie Pflanzen diese Herausforderung bewältigt haben, springen wir am besten zu einem beliebigen Abend. Wir haben gerade ein Pausenbrot geschmiert, das morgen als Mittagessen für uns oder einen unserer Lieben herhalten muss. Um zu vermeiden, dass das Brot zu trocken wird, wickeln wir es großzügig in Alu- oder Frischhaltefolie ein und achten darauf, dass unser Fresspaket besonders an den Kanten gut verschlossen ist. Dank unserem wasserdichten, zerknitterten und perfekt an die Form angepassten Origami verliert das Brot kaum an Feuchtigkeit und lässt sich am nächsten Tag köstlich aus seiner Verpackung befreien. Die Evolution hat sich allem Anschein nach auf vergleichbare Weise des Pollens angenommen, um den männlichen Gameten einen effizienten und sicheren Träger zu bieten, der dennoch nicht vollkommen versiegelt ist, schließlich müssen sie ja früher oder später hervorkommen und die Befruchtung vornehmen. Die Pollenkörner werden tatsächlich noch während ihres Ausstoßes einer Dehydratation unterzogen, sodass sich kurz nach ihrem Abflug ihr Feuchtigkeitsgehalt auf 15 % reduziert. Das ist gerade ausreichend, um das Funktionieren des internen Systems zu gewährleisten, während der Wasserverlust das Äußere des Korns zusammenzieht, und zwar entlang präziser Faltlinien, woran Strukturen namens *Intine*, *Exine* und *Colpus* (Keimfalte) beteiligt sind.

Die Exine umschließt das Äußere und besteht aus einem Gemisch wasserundurchlässiger (*impermeabler*) Polymere; die Intine hingegen ist aus wasserdurchlässigem (*permeablem*) Material und kleidet das Innere des Korns aus. Erstere ist die Folie, letztere das Brot, mehr oder weniger. Aufgrund der Dehydratation wird die Exine runzelig und zieht sich zusammen, und zwar entlang der Colpi, also der Spalten, die eigentlich eine Kommunikation mit der Außenwelt ermöglichen, was zu einer Verhärtung der Außenhülle führt und gleichzeitig die Kommunikation unterbindet.

Die daraus resultierende endgültige Origami-Figur ist jedoch nicht zufällig, sondern von Art zu Art verschieden. Die in der weiblichen Blüte enthaltene Feuchtigkeit kehrt schließlich den Prozess um und sorgt zur rechten Zeit und an der rechten Stelle für die Wiederherstellung der Kommunikation mit der Umwelt.

Als Resultat aller Anpassungen, die jede Art entwickelt hat, um einen eigenen Platz in der Welt zu finden, können die Körnchen der Blütenliebe in Form, Größe und Aussehen stark variieren, je nachdem, ob ihr Reiseplan vorsieht, in großer Höhe auf den Strömungen der Luft zu segeln oder näher am Boden oder sich quasi per Anhalter von dem einen oder anderen Tier mitschleppen zu lassen. Ob er nun klein und hakig ist, platt ist und auf dem Wasser schwimmt, glatt und rund ist, die Form eines Fußballs hat, eines Tennis-, Rugby- oder Basketballs, der Pollen ist resistent gegen Zeit und Unwetter, gegen Alterung und die schlimmsten Misshandlungen – das geht so weit, dass die Körnchen ihre Form nicht verlieren und auch nach Jahrtausenden in geologischen Sedimenten und archäologischen Funden nachgewiesen werden können. Der Kombination aus Widerstandskraft und Vielfalt ist es zu verdanken, dass unsere Kleider jedes Frühjahr mit einem Pollenabdruck versehen werden, der eindeutige Rückschlüsse auf unseren Garten gestattet, auf die genaue Pflanzenkombination, mit der wir ihn verziert haben, und selbst auf das Datum, an dem wir zuletzt zwischen den blühenden Beeten flaniert sind.

UNKONVENTIONELLE BESTÄUBER

Wenn man von Pollen und Blüten spricht, lässt irgendjemand immer diesen einen Satz fallen: »Sollten die Bienen von der Erde verschwinden, könnte der Mensch noch höchstens vier Jahre überleben.«

Albert Einstein hat das entgegen den Behauptungen im Internet nie verlauten lassen: Tatsächlich kam der Satz im Zuge einer Veranstaltung zur Unterstützung der Imkerei auf, die 1994 abgehalten wurde, 40 Jahre nach dem Tod des berühmtesten Physikers der Welt. Darüber hinaus ist der Satz aber auch aus biologischer

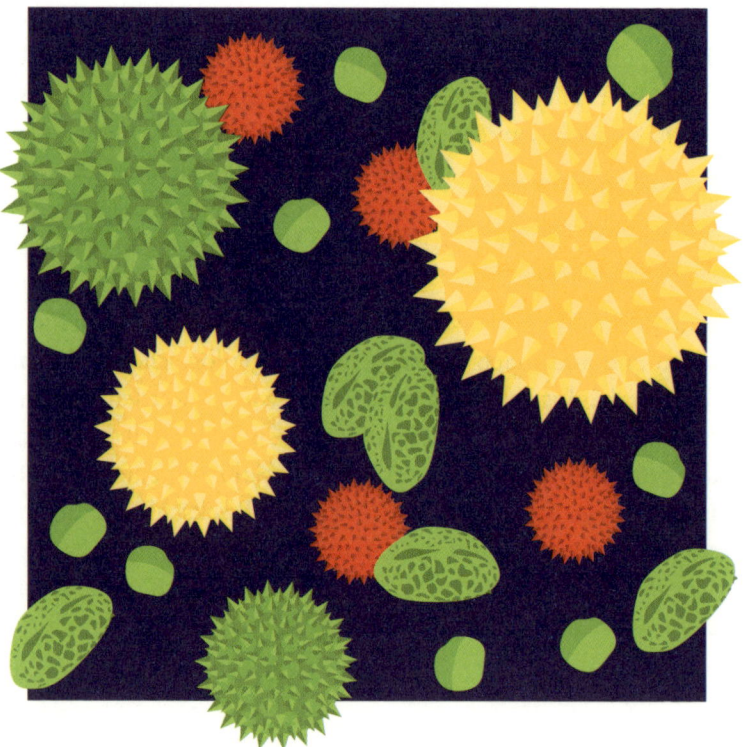

Anstelle von Fingerabdrücken haben Pflanzen ihren Pollen

Sicht nicht ganz korrekt, wie jeder aufmerksame Beobachter des Lebens in einem Garten bestätigen kann. Viele Pflanzen nutzen nämlich gar nicht Bienen als Bestäuber. Dabei ist die Biene sicher der sprichwörtlich gewordene Bestäuber, den wir selbst heranziehen, um unseren Töchtern und Söhnen zu erklären, wo Kinder herkommen. Sie jedoch für einzigartig in der gesamten Ökologie eines Planeten, oder auch nur eines Gartens, zu halten, ist die typische Kurzsichtigkeit desjenigen, der eine Blüte mit dem Fernglas betrachtet.

Schätzungen zufolge müsste man neben *Apis mellifera*, so der lateinische Name der europäischen Honigbiene, noch zwischen 100 000 und 200 000 verschiedene Tierarten erwähnen, die als Bestäuber fungieren können. Nur etwa 15 % der Pflanzen stützen sich auf die Bienen, und selbst das nicht exklusiv, was heißen soll, dass viele Gewächse ihr amouröses Problem lösen, indem sie sich mehreren Transportdienstleistern gleichzeitig anvertrauen, die sich ihrerseits teilweise gegenseitig ergänzen. Der Rest der Flora, der auf eine Art *Pony express* angewiesen ist, um den eigenen Pollen in Umlauf zu bringen, spannt dafür wilde Bienen, Hummeln, Schmetterlinge und Nachtfalter ein, Käfer, Fliegen und andere Insekten, aber auch rund hundert Wirbeltiere, die nicht alle fliegen können: Vögel, Fledermäuse, Eidechsen, Primaten und Beuteltiere. Käfer allein gewährleisten die Bestäubung von über 85 % der Blütenpflanzen.

Tests, die an 40 Obstpflanzen durchgeführt wurden, haben ergeben, dass nur in 14 % der Fälle die *Apis mellifera* erfolgreicher arbeitet als wilde Insekten. Die schlechte Nachricht ist, dass diese Arten nicht weniger gefährdet sind als gezüchtete Bienen: In den vergangenen 20 Jahren wurde ein Rückgang von 80 % in der Hummel-Population Nordamerikas verzeichnet sowie von 60 % bei den wilden Bienen in Großbritannien und den Niederlanden. Rund 60 % der bestäubenden Wirbeltiere sind gefährdet. Das hat zur Folge, dass vom Wind bestäubte Pflanzen in manchen Fällen langsam einen deutlichen Vorteil gewinnen.

Im Konkurrenzkampf, der ihr Leben regelt, verhalten sich Pflanzen ein wenig wie Sprachen, die auf Grammatiken voller Ausnahmen basieren; sie strotzen nur so von unregelmäßigen Verben, die einer Regel zu folgen scheinen, dann aber doch alle unterschiedlich konjugiert werden. Wer sich bemüht, diese Sprachen zu lernen, verspürt immer wieder den Drang, auch dann eine Regel zu entwerfen, wenn es keine gibt. Übertragen auf Pollen besagt eine dieser Vereinfachungen, dass man Blüten anhand des jeweils genutzten *Pony Express* einteilen könne. Die Wahrheit der gesprochenen Sprache offenbart jedoch, dass der Großteil der Pflanzen sich von Fall zu Fall für den Dienstleister entscheidet, der vor Ort den besten Service bietet. Erdbeeren und Heidelbeeren, zum

Bestäubung durch
Wildbienen

Selbst-
bestäubung

Wind-
bestäubung

Auswirkungen der Bestäubungsart auf die Frucht

Beispiel, haben ihre bevorzugten Bestäuber, nämlich bestimmte Wildbienen, aber sollten diese aus irgendwelchen Gründen nicht verfügbar sein, können die Beerenblüten auf die weniger erfolgversprechenden Dienste des Windes zurückgreifen oder sogar die Selbstbestäubung wählen, wenngleich auch hier die Effizienz leidet. Bei der Heidelbeere sorgt der Lieblingsbestäuber für 14 % größere Früchte und 30 % mehr Samen.

Extreme Beispiele dürfen natürlich nicht fehlen: *Evolvulus num-mularius,* ein sympathischer Vetter der Windengewächse, der in der Regel von Bienen bestäubt wird, ist von Zeit zu Zeit sogar bereit, die Pollen-Sharing-Dienste eines möglichen Feindes in Anspruch zu nehmen, nämlich die von *Lamellaxis gracilis,* einer Schnecke. Die Blüte dieser Pflanze öffnet sich morgens und verschließt sich gegen Mittag wieder, weshalb sie ganz den Launen des Klimas ausgeliefert ist: Regnet es, bleiben die Bienen lieber zu Hause, während die Nässe die Schnecken hervorlockt. Diese können dann über die Blüte hinwegkriechen und dabei den Pollen mittragen, wodurch sie die Kontinuität der Bestäubung garantieren, wenngleich auch weniger effizient als die emsigen Bienen.

Und um bei den Sonderfällen zu bleiben, sprechen wir ein wenig über »Saurophilie«, womit nicht die Begeisterung von großen und kleinen Kindern für Triceratops, Stegosaurus, T-Rex & Co gemeint ist. Vielmehr geht es um eine seltene Form der Bestäubung durch Reptilien, die anscheinend nur auf kleinen zugigen Inseln erfolgt, wo der starke Wind und die Umwelt die Verfügbarkeit von fliegenden Insekten drastisch senkt. Vor Brasilien liegt beispielsweise ein Archipel mit einem relativ trockenen Klima. Hier klettern Eidechsen der Gattung *Trachylepis atlantica* häufig auf dem Stamm von *Erythrina velutina* aus der Familie der Korallenbäume herum. Deren Blütenstände, das Ziel der kleinen Reptilien, produzieren große Mengen eines besonders wasserhaltigen Nektars, der in großen Tropfen an den einzelnen Blüten hängt. Wie bei den herkömmlichsten aller Bienen verkanten sich die Pollenkörner zwischen den Schuppen des Echsenpanzers, während das Tier Hunger und Durst stillt. So wird der Pollen von einer Blüte zur nächsten quer über die ganze Insel geschleppt.

SOMMER

BLINDE PASSAGIERE

Eines schönen Tages brachte ein Kollege meines Großvaters ein Geschenk aus Südamerika mit: keiner weiß, warum er zwei Sträucher in einen Koffer gestopft hatte, und keiner weiß, wie er damit unbehelligt durch den Zoll gekommen war. Unwissend wie ich war, hatte ich damals in die große Freude angesichts einer derart exotischen Überraschung eingestimmt; heute weiß ich jedoch, dass der Freund nach diversen Rechtsprechungen gegen das Gesetz verstoßen und, allgemein gesprochen, eine Leichtsinnigkeit begangen hat, die potenziell Gefahren barg.

Gelernt habe ich das bei der Lektüre der Missgeschicke rund um den *Wardian case*, ein bedeutsames Instrument in der Geschichte des Pflanzenhandels. Es handelt sich dabei um ein kleines transportables Gewächshaus mit angeschlossenem Terrarium aus der viktorianischen Zeit, als es für die Wissenschaftler des 19. Jahrhunderts und adelige Gärtner zum guten Ton gehörte, tropische Pflanzen zu studieren und zur Schau zu stellen – und als keine der genannten Gruppen sonderlich bewandert war in Ökologie. Dieser Wohnwagen für Pflanzen erlaubte den problemlosen Übersee-Transport von vollständigen Gewächsen anstelle von Samen oder Stecklingen. Sein erfolgreicher »Stapellauf« erfolgte 1833, als eine Reihe von Farnen von London nach Sydney transportiert wurden und auf der Rückfahrt australische Farne britischen Boden erreichten. Einige sind der Meinung, dass der *Wardian case* schon auf dieser Jungfernfahrt schwarze Passagiere dabeigehabt habe: *Nematoden* (Fadenwürmer), *Anelliden* (Ringelwürmer), *Mollusken* (Weichtiere), Krebstiere, Gliederfüßer und natürlich zahlreiche Mikroorganismen, die in der Transporterde versteckt waren. Damals gab es noch keine Quarantäne, um sicherzustellen, dass die Pflanzen keine Krankheiten mit sich brachten, und man geht davon aus, dass die Verwendung dieser Wunderkiste unter

Die Erfindung des *Wardian Case* hat den Transport von Pflanzen revolutioniert, und den ihrer Krankheiten gleich mit.

anderem den Transport afrikanischer Kaffee-Pflanzen ins heutige Sri Lanka (damals Ceylon) ermöglicht habe, die von *Coffee leaf rust* befallen waren. Dieser sogenannte Kaffeerost wird von *Hemileia vastatrix* verursacht, einem Pilz, der die Überfahrt anders nicht bewerkstelligen könnte. Nachdem der Pilz im Inneren der Terrarien an Land gekommen war, breitete er sich mit verheerender Effizienz über die Plantagen der Insel aus und vernichtete sie innerhalb kürzester Zeit.

Eine Geschichte, die sich womöglich derzeit in Apulien wiederholt und deren tragische Protagonisten die Olivenbäume, Zierpflanzen aus Costa Rica sowie ein virulenter Stamm von *Xylella fastidiosa* sind, dem sogenannten Feuerbakterium.

GUTEN ABSICHTEN
UND IHRE FOLGEN

Gärtner sind seit jeher vom Exotischen fasziniert. Tatsächlich ist die Suche nach Neuheiten im Zierbereich eine der treibenden Kräfte des Pflanzenhandels: Schon im 17. Jahrhundert hielt John Tradescant für den englischen Adel Ausschau nach botanischen Raritäten. Im Zuge dieser Tätigkeit wurde beispielsweise auch die heute als *Tradescantia* bekannte Gattung der Dreimasterblumen importiert, die außerhalb ihres natürlichen Lebensraums als *invasive* Art auftreten kann – sich also rasch ansiedelt, vermehrt und heimische Arten verdrängt.

Das Verlangen nach Einzigartigem und die Suche nach »einfachen« Pflanzen begünstigen tatsächlich biologische Eigenschaften, die mit einer hohen natürlichen Wettbewerbsfähigkeit einhergehen. Das gilt nicht nur an Land, sondern auch im Wasser, wie *Hydrilla verticillata* (Grundnessel), *Egeria densa* (Dichtblättrige Wasserpest) und *Myriophyllum spicatum* (Ähriges Tausendblatt) beweisen, die importiert wurden, um das Leben von Aquarienliebhabern zu versüßen, und dann in Wasserläufen als Unkraut ihr Unwesen trieben. Eine indirekte Folge dieses Phänomens besteht darin, dass von Tradescant bis heute das Gärtnern aktiv dazu beigetragen hat, eine Unmenge nicht heimischer Pflanzen in den unterschiedlichsten Ländern anzusiedeln. Zahlreiche der invasiven Arten sind tatsächlich für ästhetische Zwecke eingeführt worden und dann aus unseren blühenden Pferchen entwischt, um Schäden in der Größenordnung zahlreicher Nullen anzurichten. 80 % der invasiven Baumarten in den USA wurden ursprünglich als Dekoration gepflanzt, 60 % der australischen Flora bestehen aus fremden Zierpflanzen, die sich angesiedelt haben, und in Großbritannien gilt der Zierpflanzenhandel als verantwortlich für 90 % aller schädlichen Pflanzen und Tiere, Insekten eingeschlossen.

Schätzungen zufolge befinden sich in Europa mehr als 3700 *Neophyten* – also Pflanzen, die ursprünglich an einem anderen Ort heimisch waren –, wovon beinahe 2000 von anderen Kontinenten stammen. Diese Zahlen sind insbesondere in den letzten 20 Jahren angestiegen.

Davon sind nicht alle als invasiv zu bezeichnen, und genau wie sie sind auch die beiden Pflanzen aus dem Koffer, als sie im Garten des Großvaters vor Anker gegangen sind, augenblicklich zu allochthonen beziehungsweise fremden Arten geworden (oder eben Neophyten, womit häufig Pflanzen bezeichnet werden, die nach 1492 eingewandert sind). Das bedeutet jedoch nicht, dass sie zwingend invasive »Gremlins« darstellen, die beim ersten Gießen gefährlich werden (wie die kleinen grünen Monster aus dem Film *Gremlins* von 1984).

Tatsächlich gab es mehrere Möglichkeiten, wie sie sich hätten entwickeln können: So hätten sie beispielsweise das Schicksal vieler Arten teilen können, denen es nach ihrer Ankunft nicht gelingt, sich fortzupflanzen, und die am Ende ihres Lebens ohne Nachkommen sterben. Für Gärtner verkörpern solche Pflanzen den besten Kompromiss zwischen Risiko und dem Wunsch nach Neuem: Das natürliche Verfallsdatum schränkt die Bedrohung stark ein. Alternativ hätten die südamerikanischen Pflänzchen sich auch etablieren können, also die Fähigkeit an den Tag legen, zu gedeihen und sich fortzupflanzen – ohne dabei bestimmte Grenzen zu überschreiten, die ihnen der Lebensraum auferlegt, in dem sie angekommen sind: beispielsweise aufgrund des nicht optimalen Klimas oder des Fehlens effizienter Bestäuber, oder weil sie keinen wirksamen Schutz gegen heimische Insekten oder Erreger haben. Schließlich bleibt die invasive Option, also eine ungebremste Etablierung, Vermehrung und rasche Ausbreitung in die Lebensräume anderer Pflanzen, die somit ihren Platz am Esstisch verlieren. Diese Typologien weisen eine sehr ungleichmäßige Gewichtung auf, und Schätzungen besagen, dass von 100 fremden Arten, die in ein Habitat gelangen, nur zehn es in die erste Kategorie schaffen, und von diesen wiederum nur eine sich etablieren kann. Von den etablierten Neophyten, so lautet die sogenannte »Zehner-Regel«, werden nur 10 % invasiv: Unsere beiden südamerikanischen Neuzugänge hatten also eine ungefähre Chance von tausend zu eins, gefährlich zu werden – diese Rechnung gilt aber nur für die Pflanze an sich und nicht für etwaige Gäste, die auf den Blättern oder im Boden sitzen.

Erdreich und kranke Pflanzen ohne ausreichende Kontrollen stellen tatsächlich das Haupteinfallstor für andere, potenziell schädliche Organismen dar – das können die rund 20 000 Mikroorganismen bezeugen, die es auf Pflanzen abgesehen haben und an Bord der vom Menschen transportierten Gewächse und Gefäße nach Nordamerika gelangt sind.

Veränderungen in der natürlichen Verbreitung der Pflanzen sind keine Anomalien, sondern stellen vielmehr eine der langfristigen Dynamiken dar, aus denen sich die aktuelle Flora herausgebildet hat. Von den invasiven Arten, unter denen Europa leidet, sind nur elf das Resultat einer absichtlichen Anpflanzung, und nur 37 % sind zufällig und aus eigener Kraft zu uns gelangt. Alle anderen sind die unglückliche Folge absichtlicher Einschleppung von Menschenhand, die genauso unvorsichtig und unkontrolliert erfolgt ist wie die der beiden Südamerikanerinnen im Koffer.

Rhododendron ponticum oder pontischer Rhododendron, der die britischen Inseln heimsucht, wurde beispielsweise im Jahre 1800 aus Spanien importiert, als Zierpflanze und um dem Wild als Schutz zu dienen, und stellt folglich keine außereuropäische Art dar. Es ist noch nicht einmal eine Frage der Evolution: Die Spezies, die als höher entwickelt gelten, sind nicht invasiver oder »besser« als die anderen. Das erkennt man auch daran, dass viele aus der Nordhalbkugel stammende Kiefern in der Südhalbkugel als invasiv bezeichnet werden, obwohl sie uralte genetische Merkmale aufweisen. Der Knackpunkt ist also nicht die Trennung in »eingeborene« und »ausländische« Arten oder »bessere« und »schlechtere«, und auch nicht das Verbot, im Garten exotische Arten anzupflanzen, sondern im Voraus entscheiden zu wollen, welche Spezies die Möglichkeit besitzen, invasiv zu werden, und welche sich damit begnügen, auszusterben oder sich einzufügen.

DER STECKBRIEF DER GREMLINS

Wissenschaftler haben in verschiedenen Studien versucht, ein Fahndungsbild der invasiven Fremdspezies zu entwerfen, um vorbeugend erkennen zu können, wer tatsächlich Schwierigkeiten machen wird. Bisher wurden keine einstimmigen Antworten geliefert. Es gibt grobe Orientierungslinien, aber die Grammatik der Pflanzen besteht wie immer aus Ausnahmen und unregelmäßigen Verben, sodass man Gefahr läuft, am Ende doch eher esoterisch als wissenschaftlich vorzugehen. Trotzdem sind diese Linien von Bedeutung und dürfen nicht außer Acht gelassen werden, wenn man im Garten arbeitet, sei es aus Freude oder für den Profit. Genauso sollten aber alle wissen, was der Freund meines Großvaters nicht wusste: Bevor man auch nur ein Beutelchen voller Samen von einem anderen Kontinent importiert, müssen unbedingt Untersuchungen durchgeführt werden; genauso ist die kommerzielle Einfuhr ohne die nötigen *phytosanitären*, d. h. pflanzengesundheitlichen Kontrollen illegal. 10 % der weltweiten Flora weisen kolonisierende Tendenzen auf und rund 25 000 von den Arten, die ihren ursprünglichen Lebensraum nie verlassen haben, verfügen über das Potenzial zur Invasion: vorsichtige Schätzungen gehen von mindestens 1000 gesichert invasiven Arten aus, die nur auf eine Mitfahrgelegenheit warten. Trotz all der bereits abgewickelten Geschäfte bleibt also noch genug Spielraum für Fehler.

Der Entwurf eines Phantombildes, das die invasiven Spezies von den harmloseren Neophyten unterscheiden soll, macht uns auf frustrierende Weise deutlich, wie unzureichend das System von Kategorien ist, nach denen wir unsere Realität einteilen. Denn die Pflanzen – und das ist einer der Hauptgründe, weshalb sie so kompliziert sind – pfeifen auf unsere schematischen Bedürfnisse, weshalb wir nur verstreute Fetzen zusammentragen können, die kein eindeutiges Gesicht ergeben. Im Allgemeinen haben invasive Spezies eine große Anzahl kleiner Samen; handelt es sich um Bäume oder Sträucher, weisen sie ein sehr schnelles Anfangswachstum auf; bei der Gattung der krautigen Pflanzen besteht hingegen ein gutes Erkennungsmerkmal darin, ob sie bereits die Fähigkeit bewiesen haben, sich rasch in weitere Lebensräume auf demselben Breitengrad ausbreiten zu können. Einjährige Pflanzen kommen besser in Bereichen mit menschlichem Einfluss zurecht, während die Arten, die im Winter verdorren und im Frühling wieder austreiben, in naturbelassenen Lebensräumen häufiger invasiv vorkommen. Das eklatanteste Wesensmerkmal hängt jedoch mit dem zeitlichen Rahmen der Blüte zusammen: Invasive Arten blühen fast immer früher und länger und bauen so den reproduktiven Vorteil gegenüber den heimischen deutlich aus. Eine weitere verbreitete Eigenschaft besteht darin, dass sie fast immer im Zusammenhang mit irgendeiner menschlichen Aktivität stehen – das heißt, sie erfüllen unsere praktischen und ästhetischen Bedürfnisse in hohem Maße, was auch einige belastbare Studien bestätigen. Im ökonomischen Spiel der ökologischen Konkurrenz wachsen invasive Arten immer schneller als die am jeweiligen Standort heimischen und benötigen dafür weniger Ressourcen. Hat beispielsweise eine einheimische Pflanze ihre ökologische Strategie auf die Herstellung weniger Samen voller Nährstoffe und einen großen Körper ausgerichtet, kann eine invasive Spezies sie mit ihren eigenen Waffen schlagen.

Dasselbe gilt für Pflanzen, die lieber auf ein schnelles Wachstum setzen und eine rasche Verbreitung ihrer Samen: Der Eindringling wächst noch schneller und produziert noch mehr Samen mit erhöhter Keimfähigkeit. Invasive wachsen in der Sonne und im Schatten, sie sind flexibler und passen sich schneller an die Umstände an und sind, kurz gesagt, meist schon in ihrem ursprünglichen Habitat Gewinnertypen gewesen. Wo invasive Arten und der Gärtner sich begegnen, besteht eines der Probleme in der Tendenz, Erfolg zu exportieren. Eine Spezies, die sich an ihrem heimischen Standort durchgesetzt hat, verfügt meist über Merkmale, die für jede Zierpflanze erstrebenswert sind: sie passt sich verschiedenen Klimatypen an, gedeiht auch mit wenig Pflege und wächst selbst auf kargem Boden rasch, sie blüht früh und lang, sie pflanzt sich ohne Probleme fort und keimt mühelos, selbst Parasiten lassen sie in Ruhe. Die Evolution hat sie mit Eigenschaften beschenkt, die aufgrund des herrlichen Verhältnisses zwischen Mühe und Lohn von Käufern sehr geschätzt werden. Die Kehrseite dieser Medaille ist jedoch die erhöhte Wahrscheinlichkeit für ein invasives Verhalten.

Es ist wichtig, den Irrtum des großväterlichen Freundes nicht zu wiederholen: Selbstgemachter Pflanzenimport ist um jeden Preis zu vermeiden, und von Verkäufern exotischer Arten sollte man ein Prüfzertifikat (Pflanzengesundheitszeugnis) verlangen und/oder die Unterstützung pflanzengesundheitlicher Kampagnen. Geringe Sachkenntnis in Verbindung mit den globalisierten Handelsmöglichkeiten zwischen Privatpersonen ist da nicht gerade hilfreich: Eine aktuelle Studie hat nachgewiesen, dass es in manchen Online-Auktionshäusern möglich ist, eine große Vielfalt an Pflanzen zu erstehen, die für europäische Lebensräume ausdrücklich als invasiv deklariert wurden. Unsere damals aus Südamerika entführten Pflanzen hatten unterdessen kein leichtes Leben; das rauere hiesige Klima ist ihnen nicht sonderlich bekommen, und sie haben sich nicht nach dem Gießen in Gremlins verwandelt. Wo sich allerdings die kleineren und mikroskopischen Fahrgäste ihrer Blätter heute befinden und was sie gerade anstellen, weiß niemand.

Fesselnd wie Efeu

Jeder Gärtner, ganz gleich ob Profi oder Anfänger, hat früher oder später das Problem bekommen, die Kontrolle über eine Efeu-Pflanze zu verlieren. Wie ein außerirdisches Wesen hat sie sich ausgebreitet und den vorgesehenen Bereich verlassen, um einen Baum einzuwickeln, ein Mäuerchen zu überfallen oder die Fassade eines Hauses zu erobern. Und als er sich entschieden hat, den Invasoren in seine Schranken zu weisen, musste jeder dieser Gärtner unweigerlich den Preis dafür bezahlen.

Efeu ist nämlich in der Lage, an allem emporzuklettern. Es hält sich an Ziegelsteinen und Rinde mit einer Kraft fest, die rund zwei Millionen Mal dem eigenen Gewicht entspricht. Just in diesem Moment habe ich die zu begleichende Rechnung klar vor Augen, da ich dem Efeu in meinem Garten den Kampf angesagt habe und nun mit ihm ringe wie Laokoon mit den Schlangen. Seit mein Großvater die Üppigkeit der Pflanze nicht mehr zurückschneiden konnte, hat sie ihre grünen Tentakel in alle Richtungen ausgestreckt. Während ich gegen den Efeu und die Natur im Allgemeinen wettere, wird mir bewusst, dass diese ganze Mühe seit ein paar Jahren ihre prosaische Rechtfertigung in einer Reihe von Studien gefunden hat, die Botaniker, Chemiker und Ingenieure gemeinsam durchgeführt haben. Tatsächlich verdankt sich die Haftkraft des Efeus Nanopartikeln pflanzlichen Klebers. Sie werden von Bläschen (sogenannten *Vesikeln*) abgesondert, die sich an der Spitze von Wurzelhaaren an den Luftwurzeln der Pflanze befinden. Die winzigen Maße der Tropfen erlauben das Eindringen in jede noch so kleine Unebenheit. Die dabei entwickelte Haftkraft ist alles andere als stark, aber die schiere Anzahl der Verbindungen führt zu einem kooperativen Effekt, der mit den winzigen Seilen der Liliputaner verglichen werden kann, gegen die Gulliver keine Chance hatte. Insgesamt verläuft der Haftungsvorgang an einer Wand in mehreren Phasen: einem ersten Kontakt zwischen der Wurzelspitze und der Stütze, einer physischen Haftung, die es der Pflanze ermöglicht, sich festzuhalten, einer chemischen Haftung und schließlich einer Transformation der Wurzelform, die den gesamten »Arm« hinter sich her zieht. Dieser Prozess läuft auf mehreren, immer kleiner werdenden Ebenen ab: Die Wurzel liegt im Millimeterbereich, das Wurzelhaar wird in Mikrometern gemessen (ist also tausendmal kleiner), während die Klebstofftröpfchen noch einmal um den Faktor tausend verkleinert sind, im Bereich der Nanometer, und nichts anderes darstellen als eine pflanzliche Version unserer Nanotechnologie.

Während seiner ersten Wachstumsphase bildet jeder Efeuzweig kleine Bündel von sogenannten Adventivwurzeln aus, die rund einen Zentimeter lang sind. An ihrer Spitze entwickeln diese Wurzeln einen dichten Pelz aus Wurzelhaaren, die aus einzelnen Zellen bestehen. Sie ragen wie winzige Tentakeln nach außen und lassen sich in zwei Kategorien einteilen: Löffelförmige für glatte Oberflächen und korkenzieherartige, die sich besser in unebenen Untergrund wühlen können. Es genügt, dass einige wenige Zellen einen etwaigen Kontakt mit der Wand wahrnehmen, um die Haftungsmaschinerie anzuwerfen. Ihre erste Reaktion besteht in der Herstellung zusätzlicher Wurzeln und Wurzelhaare in demselben Bereich. Danach sondern sämtliche Wurzelhaarspitzen, auch die ohne Kontakt zur Oberfläche, sofort eine Unmenge an Nanosphären ab. Diese sind nicht miteinander verbunden und beinhalten sogenannte *Arabinogalactane* – an Zucker gebundene Proteine –, die eine gewisse Ähnlichkeit mit für Marmelade verwendetem Pektin haben und für die allererste Haftung sorgen, indem sie rein physische Anziehungskraft ausüben. Dabei zie-

Die Adventivwurzeln des Efeus sind ein Beispiel für biologische Nanotechnologie

hen sie die Kontaktoberfläche dank ihrer Größe an und nicht etwa aufgrund ihrer chemischen Zusammensetzung. Sie nutzen dafür schwache elektrostatische Kräfte, die jeweils für sich genommen nicht viel ausrichten, jedoch aus ihrer schieren Anzahl Kraft schöpfen. Ihre geringen Ausmaße wirken sich ebenfalls auf die Viskosität aus – beeinflussen also, wie zähflüssig das Ganze wird –, da sie sich wie ein Liquid verhalten, das noch in die kleinsten Zwischenräume eindringt, ohne Luftblasen zwischen der Wurzel und der Wand zu hinterlassen. Ein handelsüblicher Klebstoff ist dazu nicht in der Lage. In der Zwischenzeit beginnt die Wurzel, sich zu krümmen und parallel zur Oberfläche weiterzuwachsen, wodurch sie die Wahrscheinlichkeit erhöht, dass auf einer Länge von wenigen Millimetern Tausende weitere Wurzelhaare sich mit demselben Mechanismus festsetzen.

Während der folgenden Stunden trocknen die bereits haftenden Wurzeln und Wurzelhaare aus. Dabei ziehen sie sich zusammen, und diese Bewegung nähert den gesamten restlichen Trieb der Wand weiter an, was wiederum die Wahrscheinlichkeit erhöht, dass noch mehr Wurzeln und Wurzelhaare ebenfalls Halt finden. In dieser Phase verändert sich auch die Wirkung der Tröpfchen, die nach und nach miteinander verschmelzen. Sie trocknen an, wodurch die eigentliche, also die chemische, Haftung einsetzt, die die unauflösliche Verbindung zwischen Efeu und Stütze besiegelt. Genauer gesagt erfolgt auch diese nach einem ähnlichen Mechanismus: Zunächst werden die Moleküle durch eine Reihe schwacher Verbindungen zwischen Ionen, Kalk und Arabinogalactanen einander angenähert, anschließend bilden sich stärkere und festere Verbindungen zwischen Kleber und Oberfläche. Das dabei entstehende wasserabweisende Material platzt weder bei Kälte auf noch schmilzt es bei Wärme. Wenn es soweit kommt, ist die gesamte Ranke bereits von den tauartigen Wurzeln näher an die Wand gezogen worden, wie ein Schiff an der Mole. Die Zellulose in den Wurzelwänden verfestigt sich zu einer elastisch-geometrischen Form, die den Zugwiderstand erhöht und im Verbund mit der Hartnäckigkeit des Klebers unglückselige Gärtner wie mich in den Wahnsinn treibt. Während ich mit Mühe zum x-ten Mal eine Ranke abreiße, tröste ich mich mit dem Gedanken, dass wir jetzt dieselben Proteine nutzen können, um unsere Klebstoffe herzustellen, beispielsweise Gewebekleber, mit dem man Wunden verschließt. Oder wir können den Proteinen den Kampf ansagen und eine Wandfarbe entwickeln, die ein Anhaften verhindert … inmitten meiner Schlacht gegen die Effektivität der Pflanzen, an diesem glühend heißen Tag, würde ich fast alles dafür geben!

DIE PFLANZE,
DIE VOM HIMMEL FIEL

Der Außerirdische aus der Science Fiction ist ein anderer als der aus den Nachrichten. Er ist eher das unaufhaltsam böse Monstrum, das aus den Tiefen des Weltalls gekommen ist, um uns aufrechte Bürger des Planeten Erde zu verschlingen. Oder eben die schützende Wesenheit, die aus der unerreichbaren Ferne ihrer technologischen Überlegenheit uns aufrechte Bürger des Planeten Erde beobachtet und sich so wenig einmischt wie möglich.

Wenn von Aliens und Biodiversität die Rede ist, beruft man sich in der Regel häufiger auf erstere, auf die aggressiven *Space Invaders* aus dem *Krieg der Welten*. Ab und an gibt es stattdessen auch Gäste vom Schlage eines *E. T.*, ewig Reisende, die von zerstreuten Geschwistern oder gescheiterten Missionen auf einem fremden Planeten zurückgelassen wurden oder die schlicht allein sind, die letzten Exemplare einer Lebensform, die auf ihrem eigenen Heimatplaneten zum Alien geworden ist.

E. W. NACH HAUSE TELEFONIEREN

Encephalartos woodii ist ein perfektes Beispiel für eine Pflanze, die vom Himmel fiel, die von allen Artgenossen alleingelassen wurde – und deswegen unser aller Lieblingskind darstellt, insbesondere von uns Gartenliebhabern. Auf der ganzen Welt ist nur ein einziges Exemplar bekannt, ein männliches Individuum, das 1895 in Südafrika entdeckt wurde. Ein Botaniker stieß im Urwald von Ngoya auf den Palmfarn und nahm ihn mit, um mehr über ihn herauszufinden. John Medley Wood war auf der Suche nach seltenen Pflanzen und man muss ihm zugestehen, dass er sich als

Meister seines Metiers entpuppte: Selbst in über hundert Jahren der Palmfarnjagd wurde nie ein zweites Exemplar dieser *diözischen* Spezies gefunden, geschweige denn ein weibliches (von *Diözie* spricht man bei Arten, deren männliche und weibliche Blüten auf jeweils unterschiedlichen Exemplaren auftreten).

Und so ist unser Chlorophyll-E.T. auch weiterhin traurig, einsam und endgültig. Er schmachtet auf sich allein gestellt in den botanischen Gärten der halben Welt vor sich hin oder im Park eines wohlhabenden Flora-Liebhabers, der eine ganze Stange Geld hingeblättert hat, um die pflanzgewordene Melancholie besitzen zu können. Obwohl es aus genetischer Sicht keinen Zweiten gibt wie ihn, existieren mehr als 500 »Kopien«, die aus den Trieben am Fuße seines Stammes gewonnen wurden. Als Unikat und daher gewissermaßen Außerirdischer von der Erde ist unser Encephalartos für viele rasch zur Leidenschaft geworden und zur Obsession für einige – eine Kuriosität, die ausgestellt werden kann, und ein Geschäftsmodell, das gefüttert werden will. Durch meine kleine Erzählung mache ich selbst ja auch nichts anderes, als seine Legende in die Welt zu tragen, für pflanzlichen Voyeurismus zu werben und die Neugierde potenzieller Sammler zu wecken, die fasziniert sind von der Tatsache, dass es nicht ein Exemplar in der freien Wildbahn gibt – wo die Spezies wahrscheinlich schon vor Jahrzehnten ausgestorben wäre.

Unser lieber Außerirdischer vom Dienst hat nur äußerliche Ähnlichkeit mit einer Palme und ist in Wahrheit ein Relikt der Evolution, wie alle Angehörigen der Ordnung der *Cycadales*, der Palmfarne. Man geht davon aus, dass diese ganze biologische Abteilung heute noch dieselben Merkmale aufweist wie vor über 250 Millionen Jahren, als sie sich auf dem Festland durchsetzte – einem Festland, bei dem alle Kontinente noch zusammenhingen und den Superkontinent *Pangaea* bildeten. Sie sind ein Überbleibsel aus der erdgeschichtlichen Periode des Jura, als der Planet noch ihnen gehörte, und wurden nach und nach aus den fruchtbarsten Lebensräumen verdrängt. Die *Angiospermen* oder

Bedecktsamer waren auf den Plan getreten und verhielten sich im Kampf um den besten Platz viel kompetitiver und aggressiver. Von Jahrtausend zu Jahrtausend wurden die Palmfarne immer weiter in immer kleinere und immer weiter voneinander entfernte ökologische Nischen gezwängt. Irgendwann lagen die verschiedenen Populationen so weit auseinander, dass die Käfer, die eigentlich für ihre Bestäubung sorgen sollten, die Distanzen nicht mehr überbrücken konnten, und schließlich verloren sie jede Möglichkeit zur Reproduktion.

Die Folge davon ist, dass wir viele Palmfarn-Arten nur aus dem Studium ihrer fossilen Überreste kennen und dass die wenigen Spezies, die noch existieren, ihrerseits mit dem hässlichen Titel des »lebenden Fossils« versehen sind. Von diesen ist *E. woodii* wahrscheinlich die einsamste Art (und bekannteste, zusammen mit denen, die Oliver Sacks in seinem Buch *Die Insel der Farbenblinden* bekannt gemacht hat), und ihre Geschichte, ihre Präsenz auf diesem Planeten, hat nur darum außerirdische Töne angenommen, weil die Begegnung mit dem Menschen erfolgt ist, als das letzte Exemplar gerade im Begriff war, der Erde Lebewohl zu sagen.

EVOLUTIONÄRE VERBISSENHEIT

Der Mensch verhält sich häufig wie ein Demiurg, der die Bestandteile der Natur verändert, ohne sie erschaffen zu haben, der die Realität nach seiner eigenen Vorstellung und nach seinen Bedürfnissen formt, die häufig nicht nur kommerzieller Art sind, sondern auch voller althergebrachtem Mitgefühl sein können. Er asphaltiert und rodet, rottet aus und verschmutzt – aber im Angesicht eines verlassenen Findelkinds der außerirdischen Art, wie dem gerade erwähnten, schwimmt der Mensch plötzlich vor Empathie, als handele es sich um Katzenbabys auf Facebook.

Wie jeder andere Außerirdische, der vom Himmel fiel und etwas auf sich hält, ist *Encephalartos woodii* mit der Zeit zum Ziel ganz besonderer Aufmerksamkeiten geworden, die man nur mit Mühe nicht als widernatürlich bezeichnen kann und die dennoch zutiefst menschlich sind: die Obsession, Einzigartiges besitzen zu wollen, und das Begehren, evolutionäre Prozesse erschaffen, manipulieren und kontrollieren zu können. Wie Stephen Spielbergs E. T. wird diese Pflanze gejagt, um ihr angebliche Geheimnisse zu entreißen und mysteriöse Verwandtschaftsbeziehungen aufzudecken, und mit Fragen bestürmt. Handelt es sich bei Ihnen um eine echte Spezies oder einen Hybriden, also eine Kreuzung? Wer sind Ihre Eltern? Kann man Sie irgendwie zur Blüte zwingen? Würden Sie sich nicht auch als gescheiterte Existenz bezeichnen? Hat Ihre Mutter Sie schon geschlagen, als Sie noch ein Trieb waren? Würden Sie Sex mit einer anderen Spezies in Betracht ziehen?

Allesamt Fragen, die den Beigeschmack übertriebener lebensverlängernder Maßnahmen haben, mit denen man auf den groben und gnadenlosen Fluss der Evolution einwirken will. Zum Beispiel versucht man derzeit, unter Einsatz entsprechender Selektionstechniken aus der Agrarwissenschaft ein weibliches Exemplar zu erschaffen, das es in der freien Wildbahn nicht mehr gibt. Man bezweckt damit die Wiederherstellung einer fortpflanzungsfähigen Sippe und natürlich das Ende der Einsamkeit unseres Aliens. Der Prozess sieht die »Paarung« zwischen *E. woodii* und weiblichen Vertretern anderer unfruchtbarer *Encephalartos*-Gattungen (wie *E. natalensis*) vor. Anschließend werden die dabei entstandenen weiblichen Individuen mit dem ursprünglichen männlichen *E. woodii* rückgekreuzt und immer so weiter, bis man schließlich ein Exemplar mit weiblichen Blüten erhält, dessen genetische Ausstattung mit der des von John Medley Wood gefundenen Palmfarns beinahe identisch ist.

Hybride dieser Art kommen häufig als »Originale« in den Handel und werden zu hohen Preisen verkauft, als handele es sich um Klone der ursprünglichen Pflanze. Vereinsamung kann leicht zu einem kostbaren Wert gemacht werden: 2004 ist ein offizieller Klon für rund 43 000 Euro versteigert worden, und man könnte vielleicht sogar darüber philosophieren, ob eine solche Summe nicht auch den Handel mit Fälschungen moralisch rechtfertigt. An schierem Mitgefühl wäre genug vorhanden, um einen Fluchtversuch zu unternehmen, *E. woodii* als Palme zu verkleiden, ihn in einen Fahrradkorb zu setzen und in einer schönen Vollmondnacht in einen südafrikanischen Urwald zu fliegen. Gleichzeitig umgibt unseren Alien auch ein Hauch des Geheimnisvollen und der Ambiguität, die häufig dem Fremden zugesprochen wird, und der südafrikanische E. T. kann keinem dieser Klischees entrinnen. Neuere genetische Untersuchungen haben das 1895 entdeckte Exemplar mit anderen Pflanzen verglichen, die einen ähnlichen Aufbau besitzen und potenziell verwandt sein könnten. Die Ergebnisse legen nahe, dass diese Pflanze ihrerseits nur ein Hybrid ist und keine eigenständige Spezies. Man könnte das als kleine Retourkutsche der Evolution betrachten, die dem menschlichen Wunsch ein Schnippchen schlägt, alles zu klassifizieren, zu benennen und in kleine Schubladen zu stecken – gerade bei einem so dynamischen System wie der biologischen Vielfalt.

SYMPATHIE FÜR
DIE AUSGESTOSSENEN

Diese Geschichte einer Pflanze, die in der freien Wildbahn ausgestorben ist, aber vom Menschen als Zierobjekt, zu Studienzwecken und aus Mitleid am Leben erhalten wird, ist kein Einzelfall. Es gibt noch andere Beispiele, die vielleicht nicht ganz so »außerirdisch« anmuten, in jedem Fall aber ein Zeichen des menschlichen Eingriffs in die natürlichen Prozesse des Aussterbens darstellen. Den Status als »Alien« und die daran gebundene Aufmerksamkeit teilen beispielsweise auch *Erica verticillata*, *Holarrhena pubescens*, *Pitcairnia undulata*, *Tacitus bellus*, *Astragalus robbinsii*, *Franklinia alatamaha* und *Pritchardia affinis*. Bei all diesen Pflanzen handelt es sich um Sackgassen der Evolution, die der Mensch in tropischen und gemäßigten Parks und Gärten im Grunde zum

Spaß am Leben erhält. All diese Fürsorge ist insoweit bedenklich, als sie aus Achtung vor dem Einzelnen erfolgt, statt das Augenmerk auf das natürliche System oder sein Verständnis zu richten. Gleichzeitig handelt es sich dabei aber um einen so grundlegend menschlichen Impuls, dass es einem schwerfällt, ihn von vornherein als »falsch« oder »unnatürlich« zu bezeichnen. Der Mensch sorgt dafür, die Ausgestoßenen der natürlichen Selektion wieder durchs Fenster hineinklettern zu lassen: eine Einmischung in den »natürlichen« Ablauf der Ereignisse. Gerade weil es sich bei ihnen um Spezies handelt, die nicht (länger) von dieser Welt zu sein scheinen, lassen wir uns von ihrer Geschichte begeistern. Deshalb investieren wir Mittel und Energien, um sie nicht in Vergessenheit geraten zu lassen. Wir machen sie stattdessen zu Stars und versuchen, undenkbare Hochzeiten einzufädeln. Leider ist das selten der Fall, solange sie als ganz banal »irdisch« gelten.

VOM PRODUZENTEN
ZUM KONSUMENTEN:
PIPI IM GARTEN

Im Sommer nach dem Ende der Grundschule habe ich lange Nachmittage im Garten des Großvaters verbracht. Zum Teil tat ich es, um ihm zur Hand zu gehen, zum Teil, um nicht anderswo den Leuten auf die Nerven zu fallen, vor allem aber, um gewisse, nicht zu leugnende Freiheiten genießen zu dürfen. Neben den zahlreichen anderen unkonventionellen Aktivitäten, die seit jeher dem Menschen in seiner besonderen Rolle zustehen, erlaubte mir mein Großvater, mein kleines Geschäft in den Beeten oder hinter irgendeinem Busch zu verrichten, was er mit dem wilden Passierschein des »damit düngst du die Pflanzen« rechtfertigte. Die Angelegenheit beunruhigte mich dennoch ein wenig, denn schließlich landete die Ernte aus diesem Garten auf unserem Esstisch, und außerdem schien diese leicht verwerfliche Tat häufig den Rasen zu ruinieren. In dem Alter war jedoch jeder Freifahrtschein zur Transgression ein zu verlockendes Angebot, um nein sagen zu können.

Es hat viele Jahre gedauert, aber am Ende habe ich doch noch das eine oder andere über mein botanisches Wasserlassen herausgefunden, beispielsweise, dass die theoretische Grundidee korrekt war, die Anwendung allerdings verkehrt. Die Verwendung von menschlichem Urin als Dünger ist mit Hilfe einer unerwarteten Masse an Studien von allen Seiten auseinandergenommen worden. Vorzüge und Nachteile wurden abgewogen, um schließlich die besten Möglichkeiten ausfindig zu machen, wie man das grandioseste Resultat mit dem kleinsten Risiko erzielt. Dabei kamen verschiedene Pflanzen aus dem Gemüsebeet ins Visier, wie Tomaten, Kohl, Kürbisse und Gurken, und sogar einige Getreidesorten (aber interessanterweise nie Zierpflanzen). Am Ende stellte sich heraus, dass man vergleichbare, aber nicht immer bessere Ergebnisse erzielt, wenn man den Pflanzen etwas Urin anstelle von synthetischem Dünger andreht. Gleichzeitig liegt es auf der Hand, dass die Resultate in jedem Fall viel schmeichelhafter ausfallen, als wenn man gar nicht düngt. Das wiederum legt nahe, diesen Vorgang als mögliche Alternative in bestimmten Fällen in Betracht zu ziehen, aber einzig und ausschließlich, wenn er sehr präzise durchgeführt wird und zeitlich genau abgestimmt ist. Diese Voraussetzungen werden von einem improvisierten »mach hin, wo du willst« nicht erfüllt.

KREISLAUFWIRTSCHAFT

Das lässt sich chemisch begründen, weshalb die Verwendung menschlichen Urins nicht irrational ist, und das hängt mit der Notwendigkeit zusammen, dem Boden Stickstoff, Phosphor und Kalium zuzuführen, die Grundzutaten fast aller Dünger. Im Allgemeinen verwenden wir zu diesem Zweck Mist, also Ausscheidungen von Tieren. Kot und Urin werden dabei häufig vermengt, entweder im Anschluss an die Abgabe (beispielsweise bei Rindern) oder schon vor der Lieferung (wie bei Hühnern, die nicht über getrennte Ausscheidungsorgane verfügen).

Daher sollte es keine traditionellen Hürden für die Nutzung der Abfallprodukte unseres Körpers geben, außer vielleicht der einen oder anderen sanitären Maßnahme im Hinblick auf die praktische Anwendung und den Umgang mit dem eingesammelten Produkt. Es gibt sicher hier und da offensichtliche Tabus, aber auf dem Papier stellen wir bereits mikrobiologisch grauenerregende Dinge auf den Feldern und in unseren Gärten an, genauso wie Pflanzen schon jetzt den kleinen Geschenken landbewohnender oder fliegender Tiere ausgeliefert sind und mit Flüssigkeiten gegossen werden, die meilenweit von Trinkwasser entfernt sind. Ganz konkret

Kapitel 6

betrachtet, bietet menschlicher Urin sogar ein paar Vorteile, die sich namentlich aus dem Verhältnis von Stickstoff zu Phosphor und Kalium ergeben: Es beträgt 18:2:5 in seiner reinsten Form und 15:1:3, wenn er mit dem Wasser der Toilettenspülung verdünnt wird. Besonders Stickstoff ist von grundlegender Bedeutung, um ein kräftiges Wachstum zu gewährleisten, die Bildung von Blättern zu fördern und eine rasche Zunahme der Biomasse einer Pflanze zu bewirken. Er ist zu unterschiedlichen Anteilen in allen Düngemitteln enthalten, ganz gleich, ob sie für den Blumengarten, das Gemüsebeet oder intensiven Ackerbau gedacht sind, und obwohl er in der Luft, die wir atmen, reichlich vorkommt, muss Stickstoff den Pflanzen in einer Form zugeführt werden, die sie assimilieren können, das heißt in Form von Ammoniumsalzen oder als *Urea* (Harnstoff).

Basierend auf einer jährlichen Produktion von durchschnittlich 500 Litern Urin pro Kopf, scheidet jeder von uns etwa je ein Kilogramm Kalium und Phosphor über die Nieren aus, und Stickstoff im Bereich von zwei bis vier Kilogramm – gerade Letzterer ist dabei von besonderem Interesse: Ein Liter Urin liefert etwa dieselbe Menge an Harnstoff, die in 100 Gramm eines kommerziellen Düngers enthalten ist, obwohl es natürlich von Mensch zu Mensch und je nach Ernährungsvorlieben Unterschiede gibt. Unser Harnstoff ist ein Abfallprodukt des Proteinstoffwechsels, weshalb die ausgeschiedene Menge auch um bis zu 100 % bei Personen mit unterschiedlichen Ernährungsgewohnheiten variieren kann. Das schränkt die universelle Wiederholbarkeit des Düngevorgangs schon einmal deutlich ein. In einem europäischen Land wie Schweden liegt der Durchschnitt beispielsweise bei vier Kilogramm pro Person im Jahr, in Kenia allerdings ist der Wert nicht einmal halb so hoch, weil dort weniger tierische Produkte verzehrt werden.

Außerdem wissen wir genau, wie viele Nährstoffe in Dünger enthalten sind und können die Dosierung jeweils ad hoc an die Bedürfnisse der zu düngenden Pflanze anpassen, während man bei selbstgemachtem Urin grob über den Daumen peilen muss. Es sei denn, versteht sich, man schreibt dem willigen Spender entsprechende ärztliche Untersuchungen vor, was für die größten Urinateure unter uns in jedem Fall nicht verkehrt wäre, bevor sie die Gicht kriegen. Etwa 85 % des Stickstoffs, der über unsere Nieren abgegeben wird, verlässt unseren Körper in Form von Harnstoff, und genau der ist auch in den meisten Stickstoffdüngern enthalten, die wir in Gärten und auf Feldern verwenden. Da man dieses Material kaufen kann, da seine Herstellung auch auf Kosten der Umwelt geht, da es nicht überall auf der Welt immer im selben Maße verfügbar ist, und da Urin praktisch kostenlos überall da erhältlich ist, wo es Menschen gibt, hat eine ganze Reihe von Wissenschaftlern sich der Frage angenommen, wie man diesen Stickstoff in köstliches Gemüse verwandeln kann. Und das möglichst ohne mit Magen-Darm-Beschwerden ins Krankenhaus eingeliefert zu werden. In den letzten zwanzig Jahren haben mehrere Dutzend Experimente in aller Herren Länder die Folgen von urinbasierter Düngung anhand bestimmter Pflanzen beobachtet: Spinat in Tansania, Kohl, rote Bete, Rüben, Tomaten und Kürbisse in Finnland, Fenchel und Kopfsalat in Mexiko, Hafer in Deutschland, Reis und Weizen in China und Vietnam, Gerste und Gurken in Schweden.

Forschung, Genialität und Fleiß gehen häufig Hand in Hand, und auch in diesem Fall haben sich Synergien ergeben. Das Resultat waren Toiletten, die darauf ausgelegt sind, Urin gesondert zu sammeln, ohne dass er sich mit den übrigen Ausscheidungen vermischt. Sie sind vor allem beliebt, weil die getrennte Verarbeitung der Exkremente die Aufbereitung des Abwassers erleichtert und in gewissem Rahmen eine Wiederverwendung ermöglicht. Insbesondere erlaubt die rigorose Trennung, die grundsätzliche hygienische Barriere zu überwinden, die die Verwendung von Urin als Dünger verhindert, nämlich die Kontamination mit Coli-Bakterien und anderen wenig empfehlenswerten Erregern, die sich hauptsächlich in Fäkalien aufhalten. Systeme dieser Art sind ideal, um ländliche oder sehr abgelegene Gegenden mit sanitären Anlagen zu versorgen, und zwar nicht nur in Entwicklungsländern ohne Kanalisation. Sie eignen sich auch wunderbar für Häuser in Wäldern oder in Gebieten mit geringer Bevölkerungsdichte, wie man sie häufig in Nordeuropa findet. Tatsächlich sind die erfolgreichsten Experimente größtenteils da durchgeführt worden, unter Verwendung von Urin aus den Cottages, die man dort weit verstreut in Birkenwäldern findet. Schwedischen Forschern zufolge könnte man mit einer akkuraten Verwertung rund 20 % des Bedarfs an Stickstoffdünger decken, nach dem die skandinavischen Felder derzeit verlangen. Experimente mit Weizen haben ergeben, dass rein theoretisch die von einem Menschen in einem Jahr produzierte Menge an Urin der Menge an Dünger entspricht, die für den Anbau von rund 250 Kilogramm des Getreides benötigt wird. Das wiederum entspricht dem jährlichen Bedarf an Weizen einer Person. Bei anderen Feldfrüchten schätzt man, dass die täglich von unserem Körper ausgeschiedene Menge von rund ein bis anderthalb Litern für die Düngung von rund einem Quadratmeter ausreicht – das entspricht einer Stickstoffzufuhr von etwa 40 bis 120 Kilogramm pro Hektar.

Einige dieser Studien sind von herausragender Qualität und wurden vorbildhaft angelegt: Auf demselben Grundstück ist eine statistisch relevante Anzahl Pflanzen auf drei Bereiche verteilt und einmal jeweils ganz ohne Dünger, dann mit Hilfe eines kommerziellen Düngers, der nach den Herstellerangaben dosiert wurde, oder mit menschlichem Urin angebaut worden, der verdünnt und einer Reihe konservierender Behandlungen unterzogen wurde. Bevor man den Urin auf dem Erdreich verteilt hat, wurde er auf seinen Bakterien- und Nährstoffgehalt untersucht; während des Wachstums der Pflanzen wurde die Entwicklungsgeschwindigkeit erfasst, die Anzahl von Blättern, Blüten und Früchten, deren Gewicht bei der Ernte und der Ertrag nach Fläche; schließlich wurden noch einige Substanzen gemessen, wie Zucker, Farbstoffe und Aromen, die für die Wahrnehmung mit menschlichen Sinnen von Interesse sind. Da auch der Geschmack nicht ganz zu vernachlässigen ist, sind außerdem noch Versuche durchgeführt worden, bei denen blind von den Feldfrüchten gekostet werden musste, um festzustellen, ob ein Verbraucher Unterschiede zwischen den verschiedenen Behandlungen schmecken konnte. Bevor Kürbisse, Gurken und Tomaten den hungrigen Freiwilligen in den Mund gesteckt wurden, hat man die Köstlichkeiten natürlich kontrolliert: Keine enthielt Krankheitserreger jenseits der Grenzwerte, auch die mit Urin gedüngten nicht. In keinem der Fälle wurde je ein Unterschied im Geschmack festgestellt, weder bei der rohen Verkostung der unterschiedlichen Behandlungen noch beim Verzehr gekochter Speisen: Der Gaumen eines durchschnittlichen Verbrauchers kann folglich nicht unterscheiden, ob eine Tomate oder ein Kohlkopf mit Urin gedüngt wurde, gar nicht oder mit synthetischem Dünger.

Leichte Unterschiede wurden beim Wachstum festgestellt, wo die mit Urin behandelten Pflanzen anfangs langsamer waren als die Nutznießer synthetischen Düngers, später aber aufholen konnten. Häufig konnten die Pipi-Pflanzen sogar etwas früher geerntet werden, aber der einzige wirkliche wesentliche Unterschied, wenn er auftritt, liegt in der Qualität des erzeugten Gemüses. Bei einigen Pflanzen, wie Tomaten oder Gurken, haben Urin und Dünger gleichwertige oder leicht zugunsten des Urins ausfallende Ergebnisse erzielt; bei anderen (wie beispielsweise Kürbissen) ermöglicht der Dünger viel üppigere Ernten, während der gänzliche Verzicht auf Dünger immer zu schlechteren Ergebnissen führt und bis zu viermal niedrigere Mengen produziert hat, wie etwa bei Roter Bete.

In chemischer Hinsicht hat Dünger zu besseren Ergebnissen bei der Menge an Zucker, Pigmenten und Aromastoffen geführt, aber keiner dieser Unterschiede ist vom Gaumen der Geschmackstester wahrgenommen worden – auch nicht im Vergleich zu ungedüngten Pflanzen, was wieder einmal zeigt, dass häufig die Genauigkeit der Messinstrumente Unterschiede registriert, die den menschlichen Sinnen gänzlich entgehen.

FORM UND SUBSTANZ

Obwohl es sich hier um einen der Fälle handelt, bei denen Form und Substanz Hand in Hand gehen, muss man doch, um ihn richtig einschätzen zu können, die Frage nach Quantität und Zweckmäßigkeit stellen. Nehmen wir als Beispiel die Kürbisse: Die besten Ergebnisse erhielt man hier, indem man jeder Pflanze während der ersten Wachstumswoche etwa sieben Liter verdünnten Urin in zwei Schritten verabreichte und anschließend etwa einen Liter in drei aufeinanderfolgenden Dosen. Auf diese Weise konnte man die Spezies mit der empfohlenen Menge an Stickstoff versorgen, nämlich mit zirka 110 Kilogramm pro Hektar. Ganz ähnlich sieht es bei den Gurken aus, wo während der ersten Wachstumsphase jede Pflanze alle 10–15 Tage mit etwa zwei Litern Urin gedüngt werden muss. Jede Art hat einen bestimmten Bedarf an Stickstoff, der zu berücksichtigen ist. Daraus lässt sich ableiten, dass die wahllose Berieselung, die mein Großvater mir nahegelegt hat, nicht immer das Richtige ist, ganz im Gegenteil. Nimmt man den durchschnittlichen Bedarf und die durchschnittliche Harnstoff-Produktion eines Erwachsenen zusammen, sähe die Empfehlung der Studien in etwa so aus: 6500 Liter Urin für Pflanzen mit geringem Bedarf (Bohnen, Erbsen, Kopfsalat), 15 000 Liter für Gewächse mit mittleren Anforderungen (Zwiebeln, Getreide und Kartoffeln) und mehr als 23 000 Liter für Tomaten, Gurken und Kohl, die recht hohe Bedürfnisse anmelden.

Wie immer, wenn man es mit so komplizierten Geschöpfen wie Pflanzen zu tun hat, gibt es nichts umsonst, und nichts ist einfach oder geschieht sofort. So ist beispielsweise unser selbstgemachter Dünger nicht in allen Bestandteilen ausgeglichen und eignet sich daher nicht für alle Kulturen gleich; die durch ihn zugeführte Menge an Phosphor reicht nicht immer aus, um eine Ernte herbeizuführen, wie die Verwendung traditioneller Dünger sie garantiert. Zur Veranschaulichung noch einmal das Beispiel der Kürbisse: Die Zugabe eines kommerziellen Düngemittels ermöglicht es, doppelt so viele Früchte zu ernten, die zudem doppelt so viel wiegen, als auf derselben Anbaufläche mit Hilfe von Urin gewonnen werden konnten: Er enthält nicht genügend Kalium, um die Blütenbildung im selben Maße zu unterstützen. Besonders stickstoffhungrige Pflanzen mit hohem Blattanteil, wie etwa Kohl, scheinen hingegen von dieser Behandlung besonders zu profitieren, während fruchttreibende Arten, die eher mehr Kalium benötigen, ihren Ertrag pro Hektar deutlich reduzieren. Das stellt wieder das Argument der Feinjustierung in den Mittelpunkt: Zwar stimmt es, dass wir den fehlenden Gehalt an Phosphor und Kalium aufstocken können, indem wir den Urin mit Asche vermengen, aber ein künstlich konstruierter Dünger gestattet es, Stickstoff, Phosphor und Kalium exakt auf die Bedürfnisse der jeweiligen Pflanze abzustimmen. Im Urin sind die Mengenverhältnisse jedoch fix, und der Gehalt an Stickstoff ist immer höher als der der anderen beiden Nährstoffe – und das kann auch nachteilige Konsequenzen haben, wenn man nicht umsichtig vorgeht.

Was der Aufforderung meines Großvaters fehlte, war der Hinweis auf die richtige Form, und so lieferten meine Düngungen aus dem Stegreif nicht immer positive Ergebnisse, besonders bei Rasenstücken. In den Tagen, die auf meine eifrigen Düngergüsse folgten, konnte man im betroffenen Bereich deutlich erkennen, dass die Pflanzen dort in Schwierigkeiten geraten waren und einen gelblichen Farbton angenommen hatten. Die Gräser am Rand des Krisengebiets hingegen schienen grüner und kräftiger zu wachsen als der Rest der Wiese. Auch was das angeht, musste ich lange warten, bevor ich eine überzeugende Erklärung lesen durfte und endlich einen der Gründe geliefert bekam, weshalb es auf dem Papier eine gute Idee ist, mit seinem kleinen Geschäft zu düngen, in der Praxis jedoch das Gegenteil. Harnstoff ist im menschlichen Urin etwa 5–10 Mal stärker konzentriert als es für viele Pflanzen ideal wäre, weshalb sie sich ohne Verdünnung davon nicht ernähren, sondern sich daran vergiften. Genau so erging es dem Weidelgras (*Lolium perenne*), das meinem goldenen Regen unmittelbar ausgesetzt war. Dieser Effekt verdankt sich dem direkten Kontakt zwischen den Blättern und dem Urin. Außerdem liegt es an einem Übermaß an Elektrolyten wie den Chloriden, die den Salzgehalt des Bodens erhöhen und ohne ausreichendes Gießen oder Regengüsse mehr Schaden anrichten können als Nutzen bringen. Die Pflänzchen am Rande meines Zielgebiets bekamen zufälligerweise eine fast ideale Menge ab, da Urin und Harnstoff sich im umgebenden Erdreich verteilten und verdünnt wurden. So kam es genau dort zu hervorragenden Konzentrationen, die bessere Voraussetzungen für das Wachstum schufen als in der gesamten Wiesennachbarschaft.

Zu den Vorsichtsmaßnahmen, die solche Scherereien vermeiden sollen, gehört das Gießen des Bodens mit verdünntem Urin vor der Aussaat, aber auch die Verabreichung der Flüssigkeit über kleine Löcher, die etwa 10–20 Zentimeter von den Pflanzen entfernt sind, um zu vermeiden, dass die Wurzeln in einem Meer von Elektrolyten ertrinken. Ob eine Düngung mit menschlichem Urin Sinn ergibt, sollte man von Fall zu Fall entscheiden und dabei berücksichtigen, wie viel Harnstoff im Urin enthalten ist, wie hoch der Stickstoffgehalt des Bodens ist und vor allem, welche Pflanze man anbauen möchte. Allgemein kommen Gewächse wie Rote Bete, die einen hohen Salzgehalt verkraften, mit einer solchen Behandlung besser zurecht, während Möhren viel zimperlicher sind und mit einem eher kümmerlichen Wachstum reagieren. An all das dachte mein Großvater nicht, wenn er mir sagte, ich solle hinmachen, wo ich wollte.

ALS DIE WISSENSCHAFT BEIM GRABEN IM GARTEN EINEN SCHATZ ENTDECKTE …

Es gibt eine vorgeschriebene Grundausrüstung für Jäger verborgener Schätze: Eine einigermaßen legendäre Geschichte, eine einigermaßen eindeutige Karte und ein einigermaßen geeignetes Instrument für die Untersuchung des Bodens. Wenn auch nur eines dieser Elemente fehlt, ist es unmöglich, Schätze zu finden, weil man nicht weiß, was oder wo man es suchen oder womit man graben soll.

Das fasst auch mehr oder weniger zusammen, womit sich Personen herumschlagen, die im Boden nach Kohlenstoff suchen: Um etwas finden zu können, braucht man zumindest die Hypothese, dass es existieren könnte.

Bis vor rund 20 Jahren galt der organische Bestandteil der dunkelsten und fruchtbarsten Erde – der aus der Zersetzung von Pflanzenmaterial gewonnen wird und in der Hand für die beste Konsistenz sorgt – als die Summe zweier chemischer Substanzen namens *Huminsäure* und *Fulvin-* oder *Fulvosäure*. Diese auf Kohlenstoff basierenden Stoffe besitzen eine sehr komplexe Struktur und entstehen beim biologischen Abbau des Lebenden. Ihr Vorkommen war der einzige Parameter, um die Fruchtbarkeit eines bestimmten Bodens zu messen und entscheiden zu können, ob man mit Kompost, Mist oder etwas anderem düngen sollte. Ihre Existenz eröffnete auch die Möglichkeit, eventuelle Mängel auszugleichen, indem man sich das Fehlende dort holte, wo es im Übermaß vorkam: Ist die Erde unseres Gartens hart und lehmig? Hier gibt es ein Bodenverbesserungsmittel auf Torf- und Humusbasis, das ihn umgänglicher macht.

Es gab darüber hinaus jedoch weder eine Schatzkarte noch eine Legende, die nahegelegt hätten, nach etwas anderem zu suchen, und das verwendete Instrument war nicht dafür geeignet, sorgfältiger zu graben. Bis jemand, der mit der gehörigen Dosis Neugier gesegnet war, festgestellt hat, dass die Rechnung nicht wirklich aufging.

Dieser jemand hat daraufhin begonnen, ein anderes System zur Trennung der Bodenanteile zu testen, und hielt mit einem Mal den Schatz in Händen, nach dem keiner gesucht hatte: Nämlich die Entdeckung, dass der organische Teil des Bodens nicht nur aus dem Ergebnis biologischen Zerfalls bestand. Obendrein kommt die gefundene Substanz reichlich vor und ist von großem Nutzen für ein kräftiges Wachstum der Pflanzen. Bei dem Stoff handelt es sich um ein *Glykoprotein* – also um eine mit Zuckergruppen verbundene Aminosäuresequenz –, das in der Lage ist, mehrere Metall-Ionen aufzunehmen und in seinem Inneren zu binden (es enthält zwischen 1 und 9 % Eisen). Seine Zusammensetzung ist variabel, und man spricht, genauer gesagt, von einer Mischung ähnlicher Proteine, die der Einfachheit halber unter dem allgemeinen Namen *Glomalin* gefasst werden. Seine lange Zeit unerkannte Existenz entspricht seiner ungewöhnlichen Widerstandskraft gegen äußerst drastische Umstände. Letzteres verhinderte, dass man es mit den traditionellen Verfahren aus dem Erdreich extrahierte, weshalb es unweigerlich in dem Teil des Bodens endete, der als mineralisch und unbelebt abgetan wurde.

Glomalin löst sich nicht in Wasser und ist hitzebeständig. Aufgrund seiner hydrophoben Eigenschaft fügt es sich in den mineralischen Anteil der Erde ein und verleiht ihm eine Konsistenz, die zunehmend knetartig wird, je höher der Glomalinanteil ist. Nachdem erst einmal ein System entdeckt worden war, um es zu identifizieren und seinen Gehalt zu bestimmen, wurde Glomalin im Erdreich von Wiesen, Dschungeln, Feldern, Wäldern und sogar Wüsten nachgewiesen. Die Massenkonzentration lag zwischen 1 und 100 Milligramm pro Gramm (mg/g), und es kam verstärkt in den oberen Schichten der fruchtbaren Böden vor, hauptsächlich in den ersten Zentimetern und nur in seltenen Fällen in mehr als einem Meter Tiefe.

Für den vollständigen Zerfall benötigt es zwischen sieben und 42 Jahren, und kein anderer organischer Bestandteil des Bodens weist eine vergleichbare Resistenz gegenüber chemischen und physikalischen Zersetzungsprozessen auf. Das gewährleistet sein langfristiges Bestehen, und das wiederum ist einer der Faktoren, der diese Entdeckung aus dem Bereich des Kuriosen hebt: Sie ist

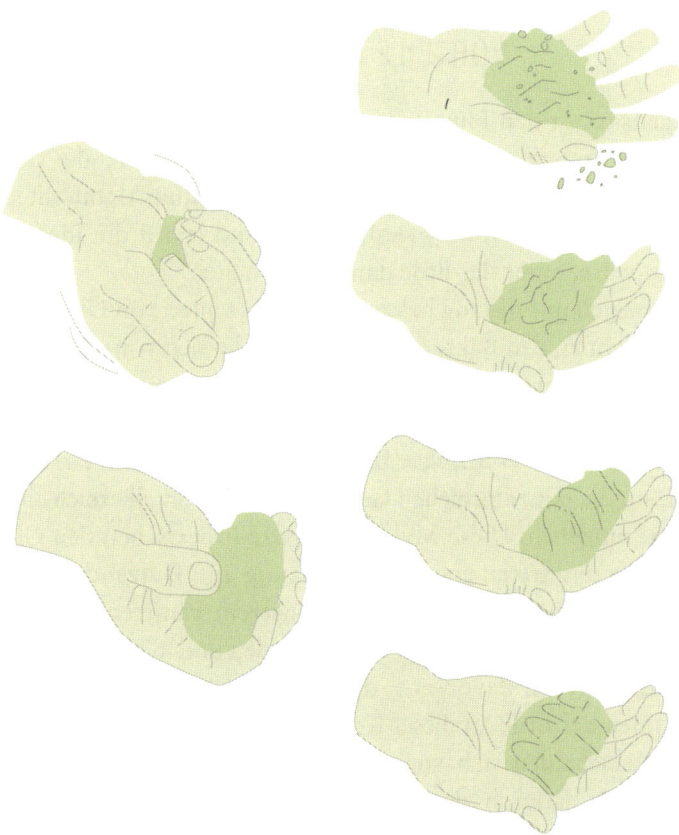

Die Konsistenz des Bodens hängt mit der Menge
an organischem Material zusammen

von großer Bedeutung, was den richtigen Umgang mit bestimmten Böden angeht, und könnte für mehrere Zwecke von ebenso großem Nutzen sein, darunter etwa einer Anwendung in Gärten, um die Qualität des Bodens zu erhalten und gleichzeitig die Verwendung von Bodenverbesserungsmitteln und Düngern einzuschränken. Oder kurz gesagt: Um Mühe und Verwaltungskosten zu vermeiden.

SUPERORGANISMEN – VORTEILE FÜR ALLE

Im Gegensatz zu den Huminsäuren – den allerletzten Abfallprodukten der Arbeit *saprophytischer* Mikroorganismen, die tote Lebewesen zersetzen –, sind Proteine lebenswichtige Metaboliten, und das ist mit ein Grund, weshalb niemand je auf die Idee gekommen wäre, unter der Erde danach zu suchen.

Die einzigen uns bislang bekannten Produzenten von Glomalin gehören nicht zu den Bakterien und Pilzen, die sich von verwesenden Substanzen ernähren, sondern sind einer der vielen mikrobiellen Verbündeten der Pflanzen und tragen den schönen Namen *Arbuskuläre Mykorrhizapilze*. Es handelt sich dabei um eine Art von Pilzen, die mit zahlreichen Gewächsen im Wurzelbereich eine Symbiose eingehen. Diese Mykorrhizapilze beherrschen den Glomalinmarkt und treten erschreckend häufig auf: Dutzende Unterarten mischen mit, und sie sind auf unserem Planeten allgegenwärtig, man findet sie auf allen Breitengraden und in jedem Klima. Schätzungen gehen davon aus, dass rund 80 % der pflanzlichen Organismen der Erde an dieser Kooperation teilhaben.

Sie unterscheiden sich von den Pilzen, die sich an Abfallprodukten laben, dadurch, dass sie ihre Energie in Form von Zucker direkt von der jeweiligen Pflanze erhalten. Sie nutzen diese Energie für ihr Wachstum und produzieren Unmengen von Glomalin innerhalb der *Hyphen* (Pilzfäden), aus denen ihr »Körper« besteht. Um die Bedeutung dieses Verhältnisses zu verstehen, *follow*

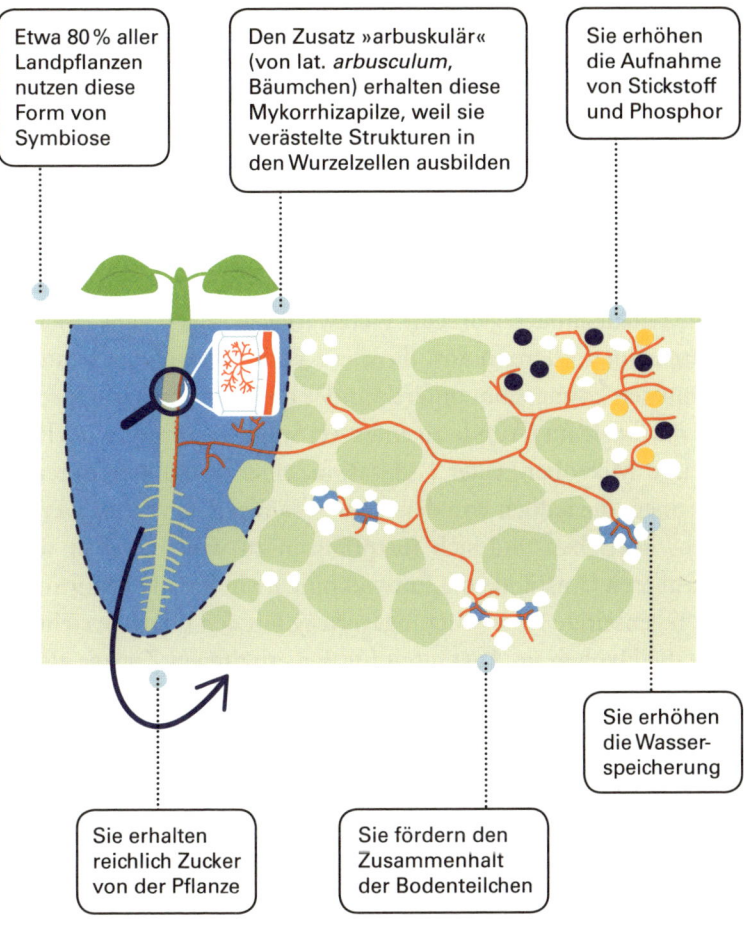

Etwa 80 % aller Landpflanzen nutzen diese Form von Symbiose

Den Zusatz »arbuskulär« (von lat. *arbusculum*, Bäumchen) erhalten diese Mykorrhizapilze, weil sie verästelte Strukturen in den Wurzelzellen ausbilden

Sie erhöhen die Aufnahme von Stickstoff und Phosphor

Sie erhöhen die Wasserspeicherung

Sie erhalten reichlich Zucker von der Pflanze

Sie fördern den Zusammenhalt der Bodenteilchen

Die Partnerschaft zwischen Pflanzen und arbuskulären Mykorrhizapilzen

the money: Einige Pflanzenarten stellen den Mykorrhizapilzen sage und schreibe 85 % des gesamten Zuckers zur Verfügung, den sie im Jahr durch Photosynthese erzeugen – eine kolossale Investition.

Hyphen haben ein relativ kurzes Leben und begleiten die Enden der Wurzeln während ihres Wachstums im Erdreich, das heißt, in den gerade von den Wurzeln erschlossenen Bereichen entstehen neue Hyphen, während die zurückbleibenden Pilzfäden nach wenigen Tagen absterben und sich auflösen. Dabei geben sie das Glomalin an die Erde ab, das schnell zu einem wesentlichen Bestandteil davon wird. Die Ausbreitung erreicht solche Ausmaße, dass eine einzige Gruppe von Pilzen gleichzeitig mehrere Pflanzen auch unterschiedlicher Spezies »bedienen« (und nutzen) kann.

Sie bilden dabei regelrechte Netzwerke zwischen nahe beieinanderstehenden Pflanzen aus, die diese Verbindungen auch tatsächlich nutzen können, um untereinander Ressourcen auszutauschen. Das macht sie im Grunde zu einer Art Superorganismus aus Pflanzen und Mikroben, einer Föderation, einem Clan getrennter Organismen, die jedoch von dem gemeinsamen Ziel vereint werden: leben, überleben und sich fortpflanzen zu wollen, selbst wenn die äußeren Umstände die Entwicklung nicht gerade begünstigen. Der gegenseitige Unterstützungsvertrag mit den Pflanzen sieht vor, dass die Hyphen im Austausch für den erhaltenen Zucker als Verlängerung der Wurzeln fungieren. Das heißt, sie erweitern die mit dem Erdreich in Berührung kommende Oberfläche und erhöhen damit die Aufnahme von Wasser und Mineralsalzen (vor allem Phosphor beziehungsweise Phosphat). Außerdem agieren sie als erste Verteidigungslinie gegen schädliche Mikroorganismen in der Erde, denen gegenüber sich die Pilze aufführen wie regelrechte Wachhunde. Die Interaktion zwischen den arbuskulären Mykorrhizapilzen und den Pflanzen ist jedoch mehr als ein *do ut des*, bei dem eine Hand die andere wäscht, nämlich eine richtige Zusammenarbeit zum beiderseitigen Vorteil: Eine größere Verfügbarkeit von Hyphen bedeutet gleichzeitig auch mehr Nährstoffe für die Pflanze und stärkere Widerstandskraft gegen Dürreperioden, und das wiederum führt zu mehr Kohlenhydraten für die Pilze und einer größeren Wahrscheinlichkeit, den süßen Lohn in Form von Zucker auch dann zu erhalten, wenn es einmal nicht so gut laufen sollte.

Wie jeder richtige Schatz hat aber auch das Glomalin noch nicht alle seine Geheimnisse preisgegeben. Aus welchem Grund etwa reinvestieren Mykorrhizapilze einen erheblichen Anteil ihrer Ressourcen, um große Mengen an Glomalin zu produzieren, nur um es bis zu ihrem Tod in ihrem Inneren zu verwahren? Zunächst einmal stellen die organischen Substanzen im Erdreich keine Nahrung für die Pflanzen dar: Nur weil ein Boden hohe Werte an Kohlenstoff und Glomalin aufweist, haben die Pflanzen dort nicht mehr Energie zur Verfügung. Von einem kooperativen Standpunkt aus betrachtet, umfasst eine solche Allianz von Pflanzen und Mikroorganismen zwingend verschiedene unverbundene Facetten: Solange sie leben, dienen diese Glykoproteine den Pilzen dazu, Belastungen besser standzuhalten, und erst im Nachhinein, *post mortem*, werden sie zu einer wertvollen Hinterlassenschaft für den Boden und damit indirekt für die Pflanzen. Ihre fortdauernde Präsenz begünstigt die Nachfolge und das Fortbestehen des entstandenen Clans und führt zu einer auf gegenseitigem Erhalt basierenden Zusammenarbeit: Sollten die Pflanzen absterben und das Bündnis zusammenbrechen, würden auch die Mykorrhizapilze darunter leiden, daher dient die Erbschaft an Glomalin der Stabilität des *status quo* wie ein geschickt verwalteter Familiennachlass.

MANCHMAL HÄLT MAN BESSER STILL

Diese gegenseitige Erhaltung bringt uns von den Hyphen, die sich um die Wurzelspitzen kringeln, zurück zu der Erde, die wir prüfend zwischen den Handflächen zerkrümeln. Ein Boden, der reich an organischen Substanzen und Glomalin ist, kann Wasser effizienter aufnehmen, dem Auswaschen von Mineralsalzen und Mikronährstoffen stärker entgegenwirken und wird nicht hart wie Beton, wenn er austrocknet, sondern bleibt geschmeidiger: Das alles sind Eigenschaften, die den Wurzeln zugutekommen und nach denen ein Gärtner Ausschau hält.

Die Vorteile eines glomalinhaltigen Bodens sind eine chemische Angelegenheit. Die aus verbundenen Aminosäuren und Kohlenhydraten bestehende Struktur des Glykoproteins bewirkt eine starke *hydrophobe*, also wasserabweisende Wechselwirkung zwischen den einzelnen Bestandteilen des Moleküls sowie zwischen dem Molekül als Ganzem und den mineralischen Anteilen des Bodens. Das führt zur Entstehung eines ausgedehnten und flexiblen Gewebes, das sich wie Klebstoff um die Ton- und Mineralpartikel der Erde legt und sie zusammenhält.

Wäre der Blumentopf die Arbeitsfläche in der Küche, würde das Glomalin die Rolle des Eigelbs übernehmen, mit dem wir Mehl zu Teig machen, indem es ein lockeres und trockenes Pulver zu einer zusammenhängenden, weichen Masse mit besseren *hygroskopischen*, also wasseranziehenden, Eigenschaften macht. Ein Boden, in dem diese Form von Kohlenstoff reichlich vorkommt, weist bessere Wasserspeicherfähigkeiten auf, ist daher auch fruchtbarer und braucht weniger Pflege. Außerdem werden die Mikronährstoffe nicht so leicht ausgewaschen, weshalb er mit weniger Dünger auskommt.

Das von den toten Pilzen abgegebene Glomalin verteilt sich im Boden und heftet sich an die Mineralpartikel. Es verhindert, dass sie miteinander verschmelzen, wenn sie austrocknen (wie es beispielsweise bei Lehm der Fall wäre), oder hält sie zusammen und ermöglicht so die Verdichtung (wie etwa bei sandhaltigen Böden), wodurch wiederum die Erosion durch Ausschwemmung eingedämmt wird. Glomalinhaltige Böden sind also stabiler und erosionsbeständiger, gleichzeitig jedoch porös genug, um Feuchtigkeit und Luft bis in die tieferen Schichten eindringen zu lassen, und weich genug, um den Wurzeln Bewegung zu ermöglichen – wofür ein Gärtner sonst mit Hilfe mechanischer Verfahren selbst sorgen muss, indem er den Boden mühsam umgräbt, hackt und eggt.

Ein hoher Glomalinanteil verringert die Notwendigkeit, die Erde mit Düngemitteln anzureichern, und erhöht die Stickstoffmenge im Boden, da ein Teil des in den Aminosäuren des Glykoproteins gebundenen Stickstoffs, wenn auch recht langsam, freigesetzt wird und von den Wurzeln aufgenommen werden kann. Mit anderen Worten: geringere Kosten und weniger Mühe. Auch hängt ein hoher Glomalinwert mit einem stabileren Wassergehalt im Boden zusammen, oder anders formuliert: Glomalin schränkt die Verdunstung ein und verlängert damit die Verfügbarkeit der Feuchtigkeit für die Wurzeln – eine Fähigkeit, die viele Böden mit hohem Humus- und Gerbsäureanteil nicht besitzen, wie man an der Geschwindigkeit ablesen kann, mit der bestimmte Torfsorten austrocknen.

In Anbetracht des innigen Verhältnisses zwischen arbuskulären Mykorrhizapilzen und Pflanzen stellt die Anreicherung von Glomalin im Boden das Resultat der Kombination zweier Prozesse dar: Die Produktion des Wundermittels durch die Hyphen sowie ihren langsamen biologischen Zerfall. Beides hängt mit einem kritischen Faktor zusammen, nämlich der Intensität, mit der ein bestimmter Boden genutzt wird. Die vorhandene Menge an Glomalin variiert ganz empfindlich in Abhängigkeit vom jeweiligen Ökosystem und den Bewirtschaftungspraktiken. In Wüsten und wüstenartigen Gebieten ist es beispielsweise kaum auffindbar, während es in Wäldern und lange als Weiden genutzten Wiesen deutlich reichhaltiger vorhanden ist; vor allem jedoch kommt es in Böden der Intensivlandwirtschaft in äußerst geringen Mengen vor, während das Glomalin schrittweise zunimmt, je weniger ein Boden gepflügt, gejätet, geeggt, kurz: mechanisch umgearbeitet wird, und stattdessen über längere Zeiträume für ausdauernde Pflanzen genutzt wird, also Gewächse, die nicht nach einer oder zwei Nutzphasen neu ausgesät werden müssen – idealerweise achtet man dabei auch darauf, die wenigen Pflanzengattungen zu vermeiden, wie etwa Kreuzblütengewächse, bei denen Mykorrhizapilze nur in sehr geringem Maße vorkommen.

Bei Vergleichen über mehrere Jahre hinweg ist in Gärten, die keinerlei Kontakt mit Pflug und Hacke hatten, das Glomalin allmählich angewachsen und hat sich in rund 15 Jahren verdoppelt. Wo der Boden hingegen bebaut wurde, ist der Wert rasch gesunken: In nur einem Jahr ist so viel verloren gegangen, wie in den anderen Gärten in drei Jahren hinzugekommen ist, mit entsprechend höherem Bedarf an zusätzlicher Düngung. Selbstverständlich nimmt nach langen Phasen, in denen die Mykorrhizapilze nicht wachsen konnten, ihre Dichte und Anzahl ab, und im selben Maße verringert sich auch die Qualität des Bodens – dem wir notgedrungen anderweitig gewonnenes organisches Material zuführen müssen.

Die Fülle an Glomalin spiegelt nicht nur die Güte und Pflege eines Bodens wider, sondern stellt auch einen Vorteil dar, wenn es um die Handhabe der atmosphärischen Komponente im Kohlenstoffzyklus geht. Rein von der Masse her befindet sich viermal so viel Glomalin in gut erhaltenen Böden wie Huminsäure. Es weist ein bis zu 24-mal höheres spezifisches Gewicht auf und kann viel mehr Kohlendioxid binden. Glomalin macht etwa 27 % des in der Erde gelagerten Kohlenstoffs aus – Huminsäure kommt nicht einmal auf ein Drittel davon. Überraschenderweise ist Glomalin damit sowohl der größte Bestandteil von Humus als auch eines der wichtigsten Reservoirs für die Speicherung von Kohlendioxid. Letzteres wird im fruchtbaren Erdboden festgesetzt, nachdem es von den Pflanzen mittels Photosynthese aus der Atmosphäre geklaubt und dann in Form von Zucker an die Pilze weitergegeben wird, die sich an den Wurzeln tummeln.

Schränkt man also seine erdbewegenden und -auflockernden Tätigkeiten im Garten ein und gönnt sich stattdessen eine gehörige Dosis Faulheit, muss man sich keineswegs mit calvinistischen Schuldgefühlen peinigen: Einfach nichts zu tun und die Wiese zu verschonen oder die ausdauernden Pflanzen wuchern und gedeihen zu lassen, ohne ständig die Beete umzugraben, stellt die beste Möglichkeit dar, den Glomalingehalt in unserem Garten zu erhöhen. Ein Loblied auf die Faulheit und, meiner Meinung nach, das perfekte Alibi für saumselige Gärtner.

TORF ODER KEIN TORF

Die Paletten mit Primelsämlingen oder Rosenstecklingen brachten es noch vor hundert Jahren auf ein nicht unerhebliches Gewicht. Die großen Terrakottatöpfe voller Erde machten ihren Transport zur Qual, und so hat seitdem die Technologie die Last der Träger gemildert, indem sie Züchter, Händler und Hobbygärtner mit Maschinen für das Anheben und die Fortbewegung ausgestattet hat. Und nicht zu vergessen die immer leichteren Behältnisse aus Pappe oder häufiger noch aus Plastik.

Dabei wurde jedoch eine Last außer Acht gelassen: die auf unserem Portemonnaie. Die Anstrengung, die unseren Armen erspart bleibt, wurde an Maschinen weitergegeben, deren Unterhalt sich in der Bilanz der Unternehmen niederschlägt (damals schien es nur eine wirtschaftliche Belastung zu sein, heute wissen wir jedoch, dass auch die Natur dafür bezahlen musste). Also wurde versucht, das Gewicht der Blumen noch weiter zu verringern, um weniger Benzin zu verbrauchen, die Kosten einzudämmen, weniger schuften zu müssen und womöglich auch die Umwelt nicht so sehr zu verschmutzen. Da man das Behältnis bereits überarbeitet hatte, ließ nur noch der Inhalt Raum für Verbesserungen. Man musste ein Füllmaterial finden, das leichter war, natürlicher und billiger, außerdem geeignet, um die Pflänzchen am Leben zu erhalten, und möglichst reichlich in England und den Niederlanden vorhanden, den Heimatländern der Gärtnerei und des damit verbundenen Handels. Die gesuchten Merkmale laufen mit fast schon peinlicher Präzision bei einem Material zusammen, das darüber hinaus auch noch mit der passenden Farbe und der korrekten Ästhetik auftrumpfen kann: *Torf*.

Seit den siebziger Jahren, mit dem Boom des kommerziellen Gartenbaus, hat dieses Material die Logistik der Zuchtpflanzen revolutioniert. Es nimmt Wasser auf, speichert Nährstoffe und verbessert Festigkeit und Beschaffenheit von tonigen oder sandigen Böden (die nur einen geringen Anteil organischer Bestandteile aufweisen). Man findet Torf nach wie vor in vielen Universal-Komposterden, sowohl für Topfpflanzen als auch für Saat- oder Transportzwecke, mit Anteilen zwischen einem und zwei Dritteln an der Gesamtmenge und nicht immer als Inhaltsstoff erwähnt. Die Vorzüge des Torfs sind zahlreich: Er ist äußerst leicht und ähnelt in seiner Farbe der fruchtbarsten Erde. Er lässt sich leicht komprimieren und speichert Flüssigkeit zwar nicht unbegrenzt, aber doch lang genug für den Pflanzenhandel. Er macht den Boden weicher und schränkt die Schäden durch Frost ein, und obwohl er für sich genommen nicht besonders fruchtbar ist, kann er, genauso wie die Humusschicht im Unterholz oder Kompost, wichtige Stoffe speichern, die er nach und nach abgibt und gleichzeitig davor schützt, ausgewaschen zu werden. Der pH-Wert von Torf ist häufig, wenn auch nicht immer, im sauren Bereich, und das macht ihn geeignet, um Böden für Kamelien oder Rhododendren aufzubereiten. Dank seiner weichen Konsistenz schützt er außerdem junge Wurzeln und gewährleistet so ein rasches und ungehindertes Wachstum; zudem ist er in großen Mengen erhältlich, leicht zu gewinnen und kostet vor allem wenig. All das hat dazu beigetragen, dass er so weit verbreitet und so wichtig für den Handel ist.

Allein in England wurden noch vor fünf Jahren im privaten Gartenbau mehr als 24 Millionen Schubkarren im Jahr verwendet – um eine Mengenangabe zu verwenden, die jeder nachvollziehen kann, der sich häufig in Blumenbeeten herumtreibt. Das große Problem besteht darin, dass Torf seinen wahren Wert nur dann entfaltet, wenn er in Ruhe gelassen wird, also wenn er sich ungestört in jenen Böden befindet, in denen er sich gebildet hat.

SCHWINDENDE MOORE

Torf ist das Ergebnis der zunehmenden Ansammlung von Pflanzenmaterial (Moosen, Torfmoosen und Erika in kalten Klimazonen, anderen Pflanzen in tropischen Klimazonen), das aufgrund von stehendem Wasser gar nicht oder nur geringfügig mit Sauerstoff in Kontakt kommt. Von außen betrachtet, sind Torfmoore unbestellte Wiesenflächen in Küsten- oder Bergregionen, in denen mangelhafte Entwässerung zur Entstehung von Mooren führt, die wiederum verhindern, dass verrottende Pflanzen mit Luft in Berührung kommen. Das Wachstum der Pflanzen in den oberen Schichten erfolgt rascher als die Zersetzung des darunterliegenden Materials, das deshalb nach und nach eine große Menge organischer Substanz ansammelt – bis zu einer Tiefe von etwa zwei Metern. Diese Ansammlung kann auf zweierlei Arten gelesen werden: mit den Augen des Gärtners oder denen des Umweltschützers.

Ersterer verrät uns, dass in einem Moor eine Menge Material vorhanden ist, das sich ideal dafür eignet, Böden mit einem Mangel an organischer Substanz aufzubessern und das Gewicht unserer Blumentöpfe zu verringern. Aus Sicht des Umweltschützers hingegen ist klar zu erkennen, dass hier dank der Photosynthese der Pflanzen auf der Oberfläche und dank der langsamer voranschreitenden Zersetzungsprozesse, das Moor mehr Kohlendioxid aufnimmt und bindet, als es abgibt. Es stellt also ein hervorragendes, wenn auch leider sehr langsames Regulierungssystem für Treibhausgase dar.

Etwa 3 % der Planetenoberfläche bestehen aus torfreichen Böden, und in Europa kommen wir auf rund 500 000 km² – das klingt nach viel, könnte man meinen, dennoch täten wir gut daran, die Finger davon zu lassen, und das gilt besonders für Gärtner, die schließlich ein besonderes Verhältnis zur Umwelt haben sollten. Warum? In den zitierten 3 % ist rund ein Drittel des Kohlendioxids eingelagert, das der Atmosphäre entzogen wurde. Das entspricht etwa 550 Milliarden Tonnen: Ein Hektar Moor bin-

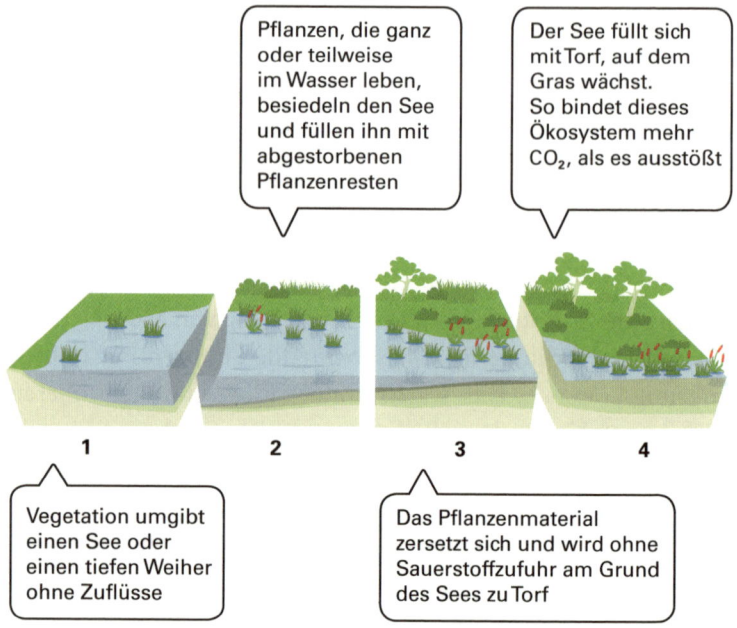

Pflanzen, die ganz oder teilweise im Wasser leben, besiedeln den See und füllen ihn mit abgestorbenen Pflanzenresten

Der See füllt sich mit Torf, auf dem Gras wächst. So bindet dieses Ökosystem mehr CO_2, als es ausstößt

1 2 3 4

Vegetation umgibt einen See oder einen tiefen Weiher ohne Zuflüsse

Das Pflanzenmaterial zersetzt sich und wird ohne Sauerstoffzufuhr am Grund des Sees zu Torf

Wie ein Torfmoor entsteht

det so viel Kohlendioxid wie vier Hektar Wald, doch die oben erwähnte Anhäufung von Schubkarren (anders gesagt: sein Abbau und seine Verwendung allein in englischen Gärten) bringt die Abgabe derselben Menge an Kohlendioxid mit sich, die 300 000 Autos in einem Jahr ausstoßen. Sämtliche Maßnahmen des Torfabbaus sind in hohem Maße belastend für die Umwelt: Man beseitigt die Vegetation an der Oberfläche und gräbt unter freiem Himmel. Dabei wird also sowohl der Torf an sich entfernt als auch der darüber liegende Lebensraum, und häufig müssen auch die stehenden Gewässer weichen, was ein Nachwachsen des Moores unmöglich macht.

Selbst wenn sich das Moor davon erholen könnte, wäre es keine wirklich nachhaltige Lösung aufgrund der enormen Langsamkeit, mit der diese Ökosysteme entstehen: Ein Quadratmeter

Moor nimmt im Durchschnitt pro Jahr um 1 Millimeter an Dicke zu – gegenüber 25 Zentimetern, die jährlich abgebaut werden. Die europäischen Moore, die nicht länger unberührt sind und durch Abbauprozesse verändert wurden, machen etwa 75 % des Kohlendioxidausstoßes des Bodens unseres Kontinents aus, verglichen mit 2 %, die von Äckern und Weiden stammen.

Jeder Kubikmeter Torf gibt tatsächlich bis zu 50 Kilogramm Kohlendioxid ab, allein durch die Tatsache, dass er aus dem Boden entnommen wurde, in dem er sich gebildet hat. Denn der damit verbundene Kontakt mit Sauerstoff löst eine beschleunigte Zersetzung aus, was die Vorzüge der natürlichen Langsamkeit in ihr Gegenteil verkehrt. Aufgrund des zunehmenden Abbaus, der Verwendung als Verbrennungsmaterial oder mit dem Ziel der Umwandlung in landwirtschaftliche Nutzflächen oder Bauland, nimmt die Gesamtfläche der Moore immer weiter und immer schneller ab: In Großbritannien sind nur noch 9000 Hektar erhalten, von ursprünglich 27 000 Hektar gegen Ende des 19. Jahrhunderts, und in Irland sind 300 000 Hektar auf nurmehr 25 000 Hektar zusammengeschrumpft, womit auch der Lebensraum für zahlreiche Tier- und Pflanzenarten verloren gegangen ist, die dort heimisch waren.

Diese feuchten Ökosysteme, die weniger sexy sind als tropische Urwälder, weniger funkelnd als Korallenriffe und weniger hip als Gebirgswälder, werden tatsächlich von den Medien schmählich vernachlässigt. Trotz der Bemühungen von Umweltschützern rückt man ihnen auch weiterhin massiv zu Leibe, nicht zuletzt wegen ihres Nutzens im Garten. Es wäre besser, den im Torf gebundenen Kohlenstoff genau dort zu lassen und stattdessen anderes Material zu suchen oder andere Strategien zu entwickeln, um unseren Blumentöpfen das Gewicht zu nehmen und weniger reichhaltige Böden aufzulockern.

Trotz allem wird der im Gartenbau verwendete Torf genauso langsam ersetzt, wie er in der freien Natur Kohlenstoff anreichert, obwohl es durchaus alternative Materialien gibt: Sie basieren auf einer Mischung aus Borke und Abfallprodukten der Holzindustrie, aus Kompost und Kokosfasern; oder auf einem künstlich hergestellten Material namens *Biochar* oder *Pflanzenkohle*, das aus einem dem natürlichen Prozess sehr ähnlichen, aber deutlich beschleunigten Vorgang gewonnen wird. Die Anspruchsvollsten greifen wieder auf hochkarätige Gartenerde zurück, wie sie vor den siebziger Jahren verwendet wurde. Sie besteht zu gleichen Anteilen aus Sand, Ton und Schluff mit sehr feiner Korngröße, denen trockene und zermahlene Blätter als organischer Bestandteil zugegeben werden.

Die britische Regierung hatte sogar eine Reduktion der Verwendung von Torf für den Gartenbau um 90 % bis 2010 veranschlagt, doch wurde dieses Ziel deutlich verfehlt. Es wurden zwar zahlreiche Kampagnen gestartet, um den Abbau in den Mooren Ihrer Majestät einzuschränken, aber die weiterhin große Nachfrage der Märkte hat nur dazu geführt, dass die Händler sich nach anderen Quellen umgesehen haben: Der derzeit größte Hersteller von Torf ist mit über einer Million Tonnen jährlich Kanada. Während die mangelnde Flexibilität der Unternehmen gegenüber möglichen Veränderungen in ihren Geschäften nicht wirklich überrascht, ist es doch recht verwunderlich, wie sehr sich auch Hobbygärtner gegen Neuerungen und eine Anpassung ihrer Gewohnheiten sträuben. In vielen Ländern mit hohem Umweltbewusstsein hat noch lange kein Umdenken stattgefunden: Neueren Umfragen zufolge wissen nur 20 % der dänischen Gartenfans überhaupt davon, dass anstelle von Torf nachhaltigere Materialien eingesetzt werden können. Sicher, andere menschliche Eingriffe, wie die Verwendung als Brennmaterial oder die Umwandlung in landwirtschaftliche Nutzflächen, spielen wahrscheinlich eine größere Rolle im Verschwinden der Moore als der Gartenbau, aber da mindestens genauso effektive und dabei viel umweltfreundlichere Alternativen existieren, besteht eigentlich kein Grund, weshalb man sich weiter an der Vernichtung beteiligen sollte.

HERBST

DIE GÄRTEN DER EINEN, DIE GÄRTEN DER ANDEREN

Jeder Gärtner identifiziert sich mit seinem Garten. Er ist eine Projektion der eigenen Persönlichkeit und all dessen, was man nach außen zur Schau stellen möchte. Der Garten ist sozusagen die erste Visitenkarte, die man allen in die Hand drückt, die einen zu Hause besuchen, eine Erweiterung der Inneneinrichtung, die Teil all der unausgesprochenen Dinge ist, anhand derer unsere Position in der Gesellschaft bestimmt wird: Ökonomen verorten den Garten bei den sogenannten »Positionsgütern«, in diesem Fall Orte, die zur Signalisierung des eigenen sozialen Status gepflegt werden und die daher auch denselben Unhaltbarkeitsrisiken unterliegen wie andere vergleichbare Güter.

Verhaltensforscher haben sich ausführlich mit den Beweggründen beschäftigt, die zur Wahl eines bestimmten Gartenstils beitragen, und sind dabei auf eine faszinierende Parallele gestoßen, mit der sich die erwähnte Verbindung zwischen dem Inneren und dem Äußeren unserer Häuser veranschaulichen lässt: Personen, die einen »manikürten« Garten bevorzugen, der sehr geordnet und klar definiert ist, haben ein starkes Bedürfnis nach interner Strukturierung und spiegeln das im Umgang mit ihren tatsächlichen und mentalen Räumen wider. Der Garten dient hier als Vorzimmer, das die Werte vermittelt, die im Inneren des Hauses herrschen. Die Untersuchungen besagen, dass für diesen Persönlichkeitstyp der Garten kein offenes Fenster zur Welt darstellt, sondern eine angelehnte Tür, durch die das Innere des Charakters erahnt werden kann. Wer sich hingegen stärker zu eher verwilderten und weniger an soziale Konventionen gebundenen Gärten hingezogen fühlt, drückt damit ein größeres Bedürfnis aus, Dinge verstehen und entdecken zu wollen. Für den ersten Typ sind Gärten ohne jede Struktur, die zur abenteuerlichen Erkundung einladen, nur schwer zu verstehen und ein negatives Element; bis zum Exzess gehegte und gepflegte Grünanlagen vermitteln hingegen positive Empfindungen, weil sie leicht zu durchschauen sind.

Diese Bipolarität kann in den Augen mancher Forscher bestimmte Tendenzen erklären. Auf der einen Seite steht die traditionelle Vision. In diesem Fall wird der Garten von seiner Umwelt isoliert und als Ort betrachtet, dem bestimmte ästhetische Parameter aufgezwungen werden können. Diese sind von der lokalen Kultur und gesellschaftlichen Dynamiken festgelegt, von der Notwendigkeit, das eigene Prestige unabhängig von den Spielarten der Natur zu definieren. Dieses Modell sieht eine unbegrenzte Verfügbarkeit von Wasser vor, den intensiven Einsatz von Düngemitteln und die regelmäßige Entfernung von unliebsamen Gewächsen, um am Ende den gewünschten ästhetischen Effekt zu erzielen. Bei dieser Herangehensweise benötigt man im Grunde auch unendlich viel Zeit, da die Pflege Sachkenntnis erfordert und große Anteile des Tages und der Woche beansprucht. In einer Welt, in der Zeit Geld ist, sendet ein solcher Garten eine klare Botschaft, die sich nahtlos an die künstlichen Bedürfnisse anfügt, die durch Werbung geweckt werden sollen und die keinerlei biologischen Sinn haben: Wer einen durch und durch gepflegten und wunderbar grünen Garten besitzt, der zu jeder Jahreszeit vor blühenden Pflanzen erstrahlt, drückt damit denselben Wohlstand aus, den auch das ganze Jahr über sonnengebräunte Haut vermittelt. Nämlich den, nicht arbeiten gehen zu müssen, weil man über ausreichende wirtschaftliche Mittel verfügt.

Am entgegengesetzten Pol befinden sich hingegen die unorthodoxen Gärtner, die sich den technologischen Hilfsmitteln stärker widersetzen und eher einen Ansatz vertreten, der die ökologische Dimension des Gartenbaus berücksichtigt. Häufig sind sie sogar der Meinung, durch ihr Tun die negativen Auswirkungen des menschlichen Handelns kompensieren zu können. Ihre Einstellung unterscheidet sich im Grunde nicht sehr von der auf der gegenüberliegenden Seite: Sie markieren ihr Territorium durch unterschiedliche Aktionen, und doch bleibt die Identifikations-dynamik dieselbe – vergleichbar mit der Attraktivität anderer Marketingsektoren, wenn man so will. Vereinfachung, Rückgriff auf als besonders ertragreich geltende Pflanzen, Nährstoffe nach Belieben, um das gewünschte Resultat zu erhalten auf der einen Seite; wenig Bewässerung, kaum Düngung, ausschließlich einheimische Pflanzen sowie Begeisterung für Komplexität auf der anderen. Die einen orientieren sich an der Forschungsdisziplin der Agrarwissenschaft, die anderen an der Ökologie.

DOS UND DON'TS

Wie jeder andere menschliche Eingriff auch, beeinflusst und verändert der Gartenbau die natürlich vorkommende Vegetation und den Bestand an Tieren und Mikroorganismen. Er steuert die Wasser-, Luft- und Bodenqualität und modifiziert die ökologische Dynamik. Wenn von Umwelt und Natur die Rede ist, beispielsweise von Wäldern, wird oft der Ausdruck »Ökosystemdienstleistungen« verwendet, um all die Vorzüge zu bezeichnen, die ein bestimmter Lebensraum dem Menschen allein durch seine Existenz bietet. Dieser Nutzen nimmt ab, wenn sich der Zustand dieses Lebensraums verschlechtert oder er ganz vernichtet wird, sei es, um Straßen anzulegen und Fabrikhallen zu errichten, oder um Weinreben anzupflanzen und Holz zu schlagen. Zu diesen Dienstleistungen gehören die Wasserversorgung und die Luftaufbereitung, das natürliche Recycling von Abfallstoffen, die Bodenbildung, die Bestäubung, das Binden von Kohlendioxid, die Regelung der Temperatur sowie der Erhalt der biologischen Vielfalt. Alles Dinge, die in Bezug auf naturbelassene Lebensräume gemessen werden, die jedoch ebenfalls für Gärten gelten. Es existieren auch Zahlen, die dabei helfen können, von der qualitativen Betrachtung zur quantitativen überzugehen. Es handelt sich dabei um Untersuchungen, die nur selten von anderen als den unmittelbar daran Beteiligten wahrgenommen werden. Dabei erzählen sie uns Geschichten, die von fundamentaler Bedeutung sind, wenn es darum geht, individuelle und kollektive Entscheidungen zu fällen und uns bewusst zu machen, was man im Umgang mit öffentlichen und privaten Grünflächen tun und lassen sollte. Ich habe daher begonnen, Nachforschungen anzustellen.

ÜBERALL RASEN?

Der Garten, den ich geerbt habe, erstreckt sich über fast einen halben Hektar, eine Fläche, die in dieser Wohngegend ihresgleichen sucht, wo jeder Eigentümer seinen eigenen Stil hat: Es gibt den Rasenfrisör oder den eher lässigen Typ, der eine tut, was er kann und wird vom Ruf des Waldes betört, und wieder einer tauscht Schönheit gegen den Ertrag seiner Tomaten. Nimmt man sie alle zusammen, bilden die Gärten dieser Gegend ein grünes Mosaik mit variabler Quadratmeterzahl, das sich zwischen die Gebäude zwängt und ein Gewirr aus Korridoren und Inseln schafft – weit verstreut und kleinteilig, aber insgesamt nicht zu unterschätzen.

Darüber habe ich mir schon immer ein wenig den Kopf zerbrochen: Wie wirkt sich die Summe der Gärtner-Stile meiner Nachbarn aus? Nur zu wenigen Ländern liegen Schätzungen vor, aber man weiß beispielsweise, dass alle privaten Gartenflächen in Belgien zusammengenommen 8 % des Staatsgebietes ausmachen, ein Wert, der fast mit den Waldflächen mithalten kann, die sich auf 10 % belaufen. Diese Zahlen ergeben sich aus dem Vorhandensein kleiner bis mittlerer Städte sowie einer relativ hohen Landbevölkerung und zahlreicher freier Flächen, aber sie können vom Prinzip her auch auf Mitteleuropa übertragen werden.

Beschränkt man sich auf die Bereiche mit größerer Bevölkerungsdichte, weiß man außerdem, dass in Großbritannien rund 25 % der städtischen Gebiete aus Privatgärten bestehen, und man schätzt, dass der Gesamtanteil in den westlichen Städten irgendwo zwischen 16 % in Stockholm, Schweden, und 36 % in Dunedin, Neuseeland, schwankt. Von diesen Flächen sind nur etwa 10 % von Bäumen bedeckt, 30 % von anderen Pflanzen, während rund 60 % für Rasen genutzt werden. Die Prozentsätze sagen nicht viel über die Gesamtsumme aus, aber eine weitere Zahl und ein kleiner Vergleich können vielleicht weiterhelfen: In den Vereinigten Staaten sind zwischen acht und 16 Millionen Hektar von Rasen bedeckt, und in den nächsten 25 Jahren rechnet man mit einem Anstieg um 80 %. Diese Ausdehnung entspricht etwa 1–2 % der Gesamtfläche des Landes. Man hat alle städtischen oder für Sportzwecke genutzten Rasenflächen zusammengezählt, um diese Informationen zu erhalten, und festgestellt, dass Rasen faktisch die am meisten bewässerte und angebaute Kulturpflanze der USA darstellt. Die Auswirkungen ihrer Bewirtschaftung können daher nicht als eine rein private Angelegenheit betrachtet werden.

Die Untersuchungen der letzten Jahrzehnte bestätigen tatsächlich einen wenig erfreulichen Trend: Selbst mit den besten Absichten ist die daraus resultierende Umweltbelastung alles andere als zu vernachlässigen aufgrund der übermäßigen Verwendung von Düngern und Unkrautvernichtungsmitteln und nicht zuletzt wegen exzessiver Bewässerung. Vielen ist das wahrscheinlich nicht bewusst, doch wegen des Stils, den sie für ihren Garten gewählt haben, belastet dieser die Umwelt – und vernichtet Ressourcen – im selben Maße wie die verhassten Monokulturen in der Landwirtschaft. Apropos Monokulturen: 85 % aller Rasenflächen in und um Paris sind von einer einzigen Spezies bevölkert: *Lollium perenne,* dem Weidelgras.

Das Land der Gärten wird jedoch belagert, zumindest im Okzident: In einer so traditionsreichen Nation wie der Großbritanniens ist die durchschnittliche Größe urbaner Gärten innerhalb weniger Jahrzehnte von über 200 auf weniger als 100 Quadratmeter geschrumpft. Die Schuld ist nicht nur bei den zementierfreudigen Baulöwen zu suchen, sondern auch bei kleinen Initiativen von Hauseigentümern. Ein Bericht hat bestätigt, dass sich in den letzten zehn Jahren allein in London die Anzahl an Gärten, in denen Rasen und Beete zugepflastert worden sind, verdreifacht hat. Insgesamt wurde bei rund einem Viertel aller Häuser die Außenfläche in Parkplätze umgewandelt. Dieses Phänomen hat nicht nur ästhetische Auswirkungen: In der nordenglischen Stadt Leeds wurde die Zubetonierung von Gärten zwischen 1974 und 2004 aufmerksam beobachtet, und man hat festgestellt, dass das Überschwemmungsrisiko um 13 % gestiegen ist, weil weniger Erde vorhanden ist, die das Wasser aufnehmen und abfließen lassen kann: Schon ein Rückgang der Versickerungsfläche, wie sie ein Garten bietet, um nur 20 % führt zu einer Verdoppelung der Wassermenge, die während eines Unwetters durch die Straßen rinnt. Zu den Hauptverantwortlichen gehört neben unserem großen Parkplatzhunger die architektonische Überzeugungsarbeit von Heimwerkersendungen im Fernsehen, die in erster Linie der Steigerung von Verkaufszahlen dienen und viel zu wenig Sachkenntnis zum Gartenbau vermitteln. Stattdessen drängen sie auf das Anlegen von gepflasterten Flächen, überdachten Terrassen und Mauerwerk, die auch den Faulsten unter uns die Ausrede der leichten Pflege bieten. Eine Faulheit, die jedoch eine größere Zufriedenheit – auch für die Geldbörse – im besseren Verständnis der tatsächlichen Ansprüche unserer Pflanzen finden würde.

GÄRTEN HABEN DURST

Die wichtigste Ressource im Umgang mit Grünflächen und gleichzeitig auch die lästigste ist Wasser: Pflanzen trinken, sie trinken viel und sie trinken immerzu, weshalb Gartenpflege in erster Linie bedeutet, regelmäßig zu gießen. In Anbetracht der Tatsache, wie sehr der moderne Mensch vom Zeitmangel bedrängt wird, sollte man einen schlanken Ernährungsplan mit H_2O erwarten. Stattdessen stimmen die an unterschiedlichen Orten der Welt gesammelten Daten darin überein, dass im Land der Gärten, der Wasserrechnung zum Trotz, gegossen wird, was das Zeug hält, und der Wasserverbrauch mit dem in der Landwirtschaft vergleichbar ist, wenn er ihn nicht sogar übertrifft.

In Australien landen im Sommer etwa 60 % des Trinkwassers in Rasenflächen, die aus Pflanzen bestehen, die für das jeweilige australische Klima ungeeignet sind und denen ästhetische Höchstleistungen abverlangt werden, zu denen sie ohne Hilfe nicht fähig wären. In den Vereinigten Staaten sieht es auch nicht anders aus, mit Anteilen zwischen 40 und 70 %, je nach Klimazone und sozialer Schicht der Eigentümer. Ähnliche Werte finden wir auch in unserer Nachbarschaft, etwa in Spanien, wo sich der jährliche Anteil auf rund 40 % beläuft, zu Spitzenzeiten im Sommer aber auch 70 % erreichen kann, was im Durchschnitt einem Kubikmeter Wasser am Tag für jeden Garten im Stadtgebiet entspricht – das sind 1000 Liter!

Trotz des geringen Preises für Trinkwasser sind diese Zahlen aus wirtschaftlicher und ökologischer Sicht nicht unbedeutend: All dieses Wasser ist gesammelt, behandelt, gereinigt und dem natürlichen Kreislauf entzogen worden. Gleichzeitig steht jedoch auch außer Frage, dass man Pflanzen gießen muss, wenn sie Durst haben; es wäre sadistisch, sie nur zu pflanzen, um sie elendig verdursten zu lassen. In dieser Hinsicht haben allerdings alle verfügbaren Studien belegt, dass nie zu wenig gegossen wird: Die Daten amerikanischer Untersuchungen vermelden einen durchschnittlichen Überschuss von über 150 %, während die Messungen auf spanischem Staatsgebiet sich mehr oder weniger mit denen in anderen warmen Klimazonen decken und aussagen, dass mehr als 60 % der Gartenbesitzer deutlich stärker gießen als nötig. In einer spanischen Stadt lag der Verbrauch fast bei der dreifachen Menge des tatsächlichen physiologischen Bedarfs der Gärten. Dieser Wert war umgekehrt proportional zur Größe des Grundstücks (je kleiner der Garten, desto inkorrekter die subjektive Bedarfsschätzung der Eigner) und direkt proportional zur finanziellen Flüssigkeit desjenigen, der die Gießkanne hält: Die gepflegtesten Gärten kamen auf einen Wert von rund 30 % über dem Durchschnitt.

Um den unweigerlichen Unterschied zwischen einem Garten und einem Acker hervorzuheben, der immer mal wieder gerne außer Acht gelassen wird, wenn von Umweltbelastungen die Rede ist, hier noch ein weiterer Vergleich: In den privaten Gärten ist fast doppelt so viel Wasser verbraucht worden, wie die Landwirte für Mais und Saatluzerne (Alfalfa) verwendet haben. Weil ihre Bewässerungssysteme besser kalibriert sind und sie darüber hinaus die Bewirtschaftungskosten und den Gewinn aus dem Verkauf gegeneinander aufrechnen müssen, waren ihre Felder nie überbewässert. Größere Aufmerksamkeit für die Kosten-Nutzen-Rechnung und weniger Vertrauen in die Pi-mal-Daumen-Methode bei der Einschätzung des Wasserbedarfs ihrer Pflanzen würde auch den Eigentümern privater Gärten nicht schaden, sowohl aus ökonomischer als auch aus ökologischer Sicht. Nicht zuletzt spart die optimale Lösung auch eine ganze Menge Zeit …

GENAU RICHTIG GIESSEN

Zehn quer, 18 Buchstaben: »*Summe der Verdunstung von Wasser aus der Tier- und Pflanzenwelt sowie aus Boden- und Wasserflächen.*« Wenn das im nächsten Kreuzworträtsel der Hinweis sein sollte, lautet die Lösung höchstwahrscheinlich: »Evapotranspiration«. Und das ist auch das richtige Stichwort, um den Garten zu wässern, ohne kühles Nass zu verschwenden. Zum richtigen Verständnis ist es unerlässlich zu wissen, dass Pflanzen viel trinken, um zu schwitzen, also einen großen Teil des Wassers aufnehmen, um es wieder verlieren zu können.

Es scheint paradox, aber nur 3 % des Wassers, das von den Wurzeln aufgesogen wird, dienen dazu, die biologische Maschinerie am Laufen zu halten. Mehr als 90 % werden hingegen über einen speziellen Transpirationsprozess ausgestoßen, der in den Blättern sitzt und dem Gewinn zusätzlichen Wassers dient. Indem sie Wasserdampf kontrolliert über ihr Haupt ausstoßen, erschaffen die Pflanzen eine Art Sog, der Wasser aus dem Boden zieht und es entgegen der Schwerkraft in teils beachtliche Höhen transportiert. Zu wissen, wie viel Wasser über diesen Transpirationsvorgang abgegeben wird, und es zur normalen Verdunstung des Bodens hinzuzuaddieren, ist von essentieller Wichtigkeit, um nicht zu viel und nicht zu wenig, sondern exakt die richtige Menge gießen zu können.

Wie so häufig ist das in der Theorie ganz leicht, während es durch die Freude der Pflanzen an komplizierten Situationen in der Praxis zur Tortur wird. Es wäre in der Tat schön, wenn man auf allgemeingültige Tabellen zurückgreifen könnte, aus denen die exakte Menge für jeden Rasentyp hervorgeht, ohne auch nur einen Tropfen verschwenden zu müssen. Evapotranspiration setzt sich jedoch aus einer Kombination von Eigenschaften der jeweiligen Arten und des jeweiligen Standorts zusammen. Deswegen unterliegt sie starken Schwankungen, die mit Veränderungen der Temperatur, der relativen Luftfeuchtigkeit, der Windexposition (weht ein Lüftchen mit 20 Kilometern pro Stunde, steigt sie direkt um 50 %), dem Schatten und der Wasserspeicherfähigkeit des Bodens zusammenhängen.

Zum Beispiel kann eine einzelne große Eiche beinahe 150 000 Liter pro Jahr verlieren, während die Evapotranspiration eines Rasens aus Süßgräsern von 10 Zentimetern Höhe in der Po-Ebene im Sommer bei etwa vier bis sechs Litern Wasser pro Quadratmeter liegt. Jede Spezies hat dabei in Abhängigkeit vom Lebensraum, an den sie sich am besten angepasst hat, ein eigenes Gleichgewicht entwickelt. Dieses Gleichgewicht regelt sich in der Natur je nach vorherrschenden Umweltfaktoren von selbst. So verhindert es beispielsweise, dass durstige Spezies in Gegenden wachsen, wo kein ausreichender Niederschlag fällt. Im Garten jedoch wird genau das von dem Bedürfnis des Eigentümers erzwungen, in der spanischen Meseta einen englischen Rasen anzulegen, indem er versucht, eine entsprechende Verfügbarkeit von Wasser sowie die Möglichkeit zu angemessener Evapotranspiration künstlich nachzuahmen.

Es hat sich jedoch gezeigt, dass nachhaltigere Herangehensweisen, wie etwa die Erhöhung der organischen Komponente im Boden, der weitgehende Verzicht auf mechanische Eingriffe wie Pflügen und die Verwendung heimischer Pflanzen, den Wasserverbrauch drastisch senken können, nämlich um bis zu 90 %. Untersuchungen bei den Eigentümern haben ergeben, dass der Großteil der Verschwendung daher rührt, dass der Gießende den Wasserbedarf falsch einschätzt. Der Durst des Rasens liegt im Auge des Betrachters, weshalb übermäßig gegossen wird. So gesehen besteht die vielleicht wirkungsvollste Lösung darin, eine automatische Bewässerung zu verwenden, die jedoch Monat für Monat auf die statistisch erfasste Niederschlagsmenge des jeweiligen Ortes abzustimmen ist – denn schon allein hierdurch konnten in Versuchen bis zu 40 % Wasser gespart werden, ohne dass es sich entscheidend auf die Ästhetik ausgewirkt hätte. Andererseits hat eine vollautomatische Bewässerung, die der Besitzer nach seinem Bauchgefühl programmiert, genau das Gegenteil bewirkt, nämlich einen Anstieg der Verschwendung um 50 %. Ein guter Gärt-

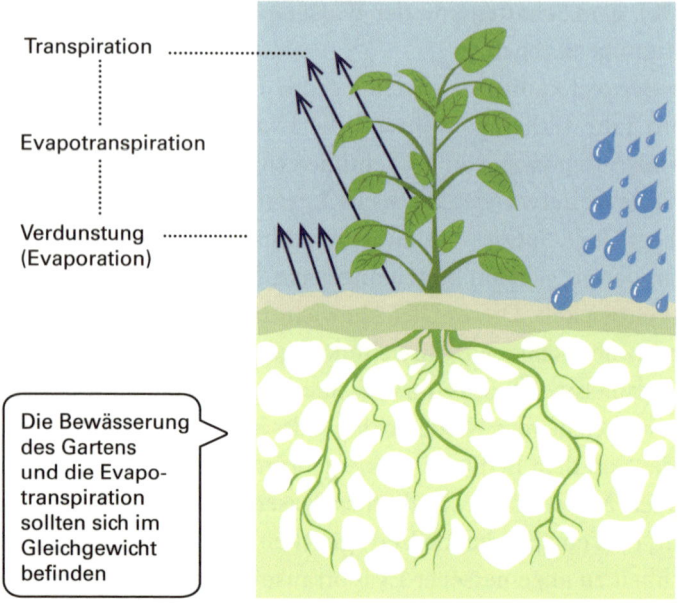

Transdistribution ....

Evapotranspiration

Verdunstung ....
(Evaporation)

Die Bewässerung
des Gartens
und die Evapo-
transpiration
sollten sich im
Gleichgewicht
befinden

Das Phänomen der *Evapotranspiration*

ner lässt sich also von Wissenschaft und Technologie unter die Arme greifen und passt deren Vorzüge an die tatsächliche Flexibilität des Umfeldes an, in dem er zu Werke geht.

GIB DER WURZEL, WAS SIE BRAUCHT

Wie hoch ist eine Pflanze? Aufgrund unserer partiellen Betrachtungsweise schließt unsere Antwort nur den Teil ein, den unsere Augen wahrnehmen können, weshalb wir sagen, dass ein Pfirsichbaum etwa drei Meter hoch ist und eine Geranie eher 30 Zentimeter. Das wurde gemessen, indem ein Maßband am Boden angelegt und dann bis zum höchsten Punkt der Pflanze emporgezogen wurde – dabei bleibt jedoch außer Acht, dass sie nicht nur im

Licht der Sonne wächst, sondern auch in der unterirdischen Welt der Wurzeln.

Süßgräser beispielsweise wuchsen ursprünglich auf Weiden, werden aber inzwischen vom Menschen für den Rasen wiederverwendet und sind in der Lage, dichte Teppiche zu bilden, die schrittfest sind und auch häufiges Mähen verkraften. Das Wurzelwerk dieser beeindruckenden Pflanzen kann überraschende »Höhen« erreichen, in manchen Fällen mehr als drei Meter, weshalb eine Messung von der höchsten Spitze der Halme bis zur tiefsten Spitze der Wurzeln unsere Annahmen auf den Kopf stellen kann. Ein derart ausgedehnter und tiefgehender Wurzelapparat ist für sie unerlässlich, um den Umwelteinflüssen widerstehen zu können, die in ihrem Lebensraum herrschen, und eignet sich für alle Gärten, deren Eigentümer Wert auf kurzgeschnittene und sattgrüne Rasenflächen legen.

Die unterirdische Ausdehnung gestattet es nämlich, Energievorräte in Form von Stärke fernab von den Klingen des Rasenmähers und den Backenzähnen der Kuh zu lagern (wobei beide Bedrohungen für die Pflanze auf dasselbe hinauslaufen). Außerdem dient sie dazu, regelmäßig große Mengen an Wasser aufzufangen, auch wenn der Regen sich rarmacht. In ihren idealen Lebensräumen werden diese Pflanzen von üppigen Regenfällen dazu angeregt, tief im Boden zu angeln, wo selbst die unteren Schichten noch ordentlich nass werden. Ein solches Verhalten sollte auch in unseren Gärten gefördert werden: Tiefe Wurzeln stellen eine Lebensversicherung im Falle einer Dürreperiode dar, da die Erde ab einem Meter unter der Oberfläche feucht genug bleibt, um die Pflanze auf lange Sicht zu versorgen. Das verringert die Notwendigkeit häufigen Gießens und trickst auch den Feuchtigkeitsverlust durch Verdunstung aus.

Viele Dinge werden verständlicher, wenn man nachverfolgt, was mit dem Wasser geschieht, das mit dem Regen oder aus dem Gartenschlauch in den Garten gelangt. Nicht zuletzt erklärt es, weshalb manches Verhalten sich als falsch entpuppen kann. Wenn

Um die Höhe einer Pflanze
zu bestimmen, sollte man
auch unter der Erde messen

wir gießen, dringt das Wasser nach und nach in jede einzelne Erd-schicht ein, und erst wenn diese Schicht sich ganz vollgesogen hat und keine weitere Feuchtigkeit aufnehmen kann, sickert es in die darunterliegende. So bildet sich eine regelrechte Feuchtigkeits-front, deren Geschwindigkeit auf dem Weg nach unten von dem Verdichtungsgrad des Bodens abhängt: am langsamsten in Ton-schichten, am schnellsten in sandigen; Böden mit hohem organi-schem Anteil bilden das Mittelmaß.

Da Wurzeln Flüssigkeit fast ausschließlich über ihre Spitzen und die dort befindlichen, überaus zahlreichen Wurzelhärchen aufnehmen, hat dieses Phänomen praktische Auswirkungen auf die korrekte Art zu gießen. Stellt man einem Rasen nämlich nur etwa die Hälfte seines eigentlichen Wasserbedarfs zur Verfügung (also etwa 50 % der Evapotranspirationsmenge), reicht das gerade aus, um eine wenige Zentimeter tiefe Schicht des Bodens zu durchnässen, ohne dass die saugstarken Wurzelspitzen mit der Flüssigkeit in Berührung kämen. Anders gesagt: Das Wasser wird einfach verdunsten. Gießt man zudem wenig, dafür aber häufig, regt das ein horizontales Wachstum im Wurzelapparat an, der folglich nur die ersten paar Zentimeter des Bodens durchdringen wird, da dort die größte Wahrscheinlichkeit besteht, auf Wasser zu stoßen. Wird derselbe Boden jedoch großzügig und sporadischer gegossen, breiten sich die Wurzeln eher in die Tiefe aus. Letztere Verhaltensweise, die in der freien Natur am häufigsten in Grassteppen oder Hochgebirgswiesen angetroffen werden kann, fungiert als Lebensversicherung in Perioden anhaltender Trockenheit, während die Pflanzen im ersten Fall unmittelbar von den Umweltbedingungen abhängen: Sobald der Mensch aufhört zu gießen, finden die Wurzeln kein Wasser mehr, und die Pflanze darbt.

Es entsteht ein Teufelskreis: Je weniger und dafür häufiger man gießt, desto mehr ist man gezwungen, wirklich jeden Abend zu gießen und Wasser zu verschwenden. Nehmen wir als Beispiel einen Rasen mit Gräsern der Gattung *Feruca* (Schwingel). Gibt man ihm dreimal pro Woche mehr Wasser, als er eigentlich benötigt, veranlasst das die Pflanzen zu der Annahme, kräftig wachsen zu können, weshalb auch ihre Triebe eine höhere Aktivität entfalten. Das führt jedoch auch zu einer viel höheren Evapotranspiration als etwa in einem vergleichbaren Rasen, der nur einmal die Woche großzügig gegossen wird. Die Gräser investieren so nämlich mehr Ressourcen in die Ausbildung neuer Wurzeln als in das Wachstum ihrer Halme. Als Ergebnis muss der erste Rasen häufiger gegossen werden, um die zusätzlichen Blätter und das geringere Wurzelwachstum zu unterhalten, was ihn wiederum viel abhängiger von seinem Eigentümer macht. Der andere hingegen wird dank der leichten und gesunden Ernährung kräftiger.

Größere Wasserverschwendung
Häufiges, aber nur kurzes Gießen

Oberflächliches Wurzelwachstum wird angeregt, und die Pflanzen werden anfälliger für Wassermangel

Geringere Wasserverschwendung
Selteneres, dafür längeres Gießen

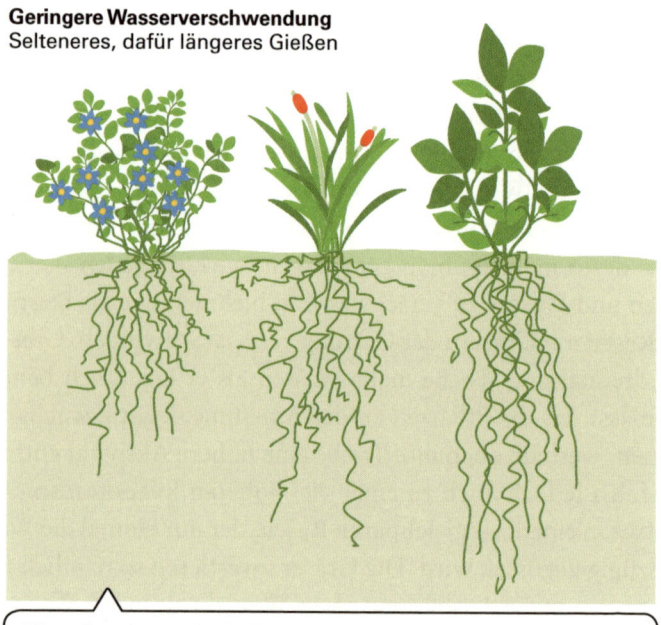

Wurzelwachstum in die Tiefe wird angeregt. In den unteren Schichten des Bodens bleibt das Wasser länger verfügbar

Wie richtiges und falsches Gießen sich auf das Pflanzenwachstum auswirkt

Pflanzen sind komplizierte Geschöpfe, aber sie können sich anpassen, und möchte man weder seine Zeit noch sein Geld verschwenden, macht man sich besser mit ihnen vertraut.

SUPERSIZE ME:
ÜBERGEWICHTIGE GÄRTEN

Solange mein Großvater sich um den Garten gekümmert hat, profitierte die ganze Familie von den Früchten und dem Gemüse aus dem »nützlichen« Bereich. Nicht nur ließ sich ein Teil der Einkäufe ganz bequem hinterm Haus erledigen, man konnte auch gänzlich unbesorgt in den Garten schlendern, sich ein paar Tomaten und einen Salatkopf schnappen, sie kurz abspülen und genüsslich verzehren. Dieses blinde Vertrauen wurde von einem wahren Donnerwetter erschüttert, als jemand im Geräteschuppen ein landwirtschaftliches Schneckenvernichtungsmittel entdeckte, für das man eigentlich eine spezielle Zulassung benötigte und das mein Großvater sich unter der Hand besorgt hatte. Nicht nur das, er setzte es bedenkenlos dreimal pro Woche ein, mit der gelassenen Erklärung: »Es funktioniert doch.«

Der ganze Ärger speiste sich aus der Tatsache, dass die Verwendung dieses Zeugs nur dann ungefährlich war, wenn man ganz bestimmte Regeln befolgte, die mein Großvater nicht einmal kannte. Statistiken zufolge ist ein solches inniges und unvorsichtiges Verhältnis zwischen Gärtnern und »Nahrungsergänzungsmitteln für Pflanzen« keine Seltenheit. Man geht davon aus, dass etwa 60 % der Gartenbesitzer in westlichen Ländern auf Substanzen dieser Art zurückgreifen, um dem eigenen Rasen etwas »auf die Sprünge zu helfen«. Wie im Fall der Bewässerung liegt das Problem nicht in der Verwendung an sich, sondern im Ausmaß und im Einsatz ohne Regeln. Statistiken verraten schließlich nichts darüber, inwiefern die Verwendung gerechtfertigt war, da sie keinerlei Informationen über die Intensität der Behandlung bieten.

Der Rückgriff auf natürliche oder künstlich hergestellte chemische Substanzen, um gegen Unkraut und Schädlinge vorzugehen oder um die Qualität des Bodenprofils zu verbessern, ist nicht prinzipiell verkehrt. Wie in anderen Kontexten auch, lauert das Problem in der verwendeten Menge und in der Häufigkeit der Anwendung. Selbst wenn man die Angaben des Handels befolgt, decken diese sich nur selten mit dem tatsächlichen Bedarf, ganz gleich, was die direkte oder indirekte Werbung uns glauben machen will, und die daraus resultierende Umweltbelastung ist alles andere als zu vernachlässigen.

In Frankreich wurde beispielsweise die Präsenz von Unkrautvernichtungsmitteln in öffentlichen und privaten Gewässern und Böden des gesamten Marne-Gebiets gemessen (die Marne ist ein bedeutender Nebenfluss der Seine). Dabei wurden Gärten und landwirtschaftlich genutzte Flächen einander gegenübergestellt, vergleichbar mit dem, was man in Spanien im Hinblick auf übermäßige Bewässerung durchgeführt hat. Das Ergebnis war teilweise zu erwarten, zum Teil fiel es aber auch überraschend aus: Die verwendete Menge ist bei landwirtschaftlich genutzten Böden viel höher als in privaten und öffentlichen Gärten, aber der jeweilige Anteil an der Wasserverschmutzung ist praktisch identisch. Das liegt daran, dass die auf Äckern verwendeten Substanzen länger an Ort und Stelle bleiben, da sie einerseits weniger aus dem Boden gespült und andererseits stärker biologisch abgebaut werden, bevor sie in den Flüssen enden – zu beobachten am prominenten Beispiel des Glyphosats. Im Gegensatz dazu kommen im städtischen Umfeld die Unkrautvernichtungsmittel zu großen Teilen direkt oder indirekt (also bei der Anwendung oder durch Regenfälle) mit nicht saugfähigem Material im Boden in Kontakt, das die Auswaschung beschleunigt. So gelangen diese Pflanzenschutzmittel schließlich in die Flüsse – und das in Konzentrationen, die bis zu 20-mal höher sind als in Trinkwasser zugelassen.

Düngung ist ein weiterer kritischer Punkt bei der Pflege von Gärten, die schließlich strahlend grün sein sollen. Verschiedenste Studien haben gezeigt, dass pro Quadratmeter größere Mengen an Stickstoff zugegeben werden als auf einem landwirtschaftlich genutzten Feld und dass der Ausstoß von Stickoxiden in die Atmosphäre etwa zehnmal höher ist als bei einer Wildwiese. Zu den Gründen gehört auch, dass emsige Gärtner nicht an die Richtlinien bezüglich Häufigkeit und Intensität der Düngung gebunden sind, die für Landwirte gelten – also genau der Vorwurf, der auch meinem Großvater und seinem Schneckenkorn gemacht wurde. Eine im flandrischen Teil Belgiens durchgeführte flächendeckende Untersuchung hat ergeben, dass im Boden von Privatgärten mehr Phosphor, aber weniger organisches Material enthalten ist als in einem durchschnittlichen Acker. Vor allem jedoch wurde festgestellt, dass diese Gärten jedes Jahr fünfmal so viel Stickstoff pro Quadratmeter zugeführt bekommen wie für die professionelle Düngung von Weizenfeldern empfohlen ist.

Dieser Wert wird noch anschaulicher, wenn wir ihn mit der Gesamtfläche von Privatgärten in Belgien multiplizieren: Das ergibt 26 Millionen Kilogramm im Jahr, die eingespart werden könnten, wenn man nur die tatsächlich benötigte Menge einsetzen würde, oder indem man einen Teil des gemähten Grases auf dem Rasen liegen ließe. Ein Übermaß an Stickstoff stellt ein Problem für die Grundwasserleiter dar, denn was nicht von den Wurzeln aufgenommen werden kann, gelangt in die Grundwasserleiter und in die Kanäle und somit in die Flüsse und schließlich ins Meer.

Die verfügbaren Daten verraten, dass aktuell durch private Gärten – zumindest in einem kulturellen und geographischen Kontext wie dem Mitteleuropas – äußerst abträgliche Nebenwirkungen für die Umwelt entstehen. Diese werden noch gravierender, weil der Stickstoff aufgrund der stärkeren Ausschwemmung der Gartenflächen schneller in die Flüsse gespült wird, wie schon am Beispiel der Unkrautvernichtungsmittel gezeigt. Analysen aus unterschiedlichen Ländern haben den Gehalt organischer Materie im Boden, exzessive Bewässerung und übermäßige Stickstoffzufuhr zusammengenommen und kommen darin überein, dass man eine Art Gefälle der Umweltbelastung aufstellen kann, das mit der jeweiligen Nutzung eines Grundstücks durch den Menschen korreliert: Wald, Weide, Ackerbau, Obstgarten, Garten und schließlich bebautes Land. Das ist natürlich sehr enttäuschend für alle, die ihren Garten gerne als Waffe gegen die Umweltzerstörung ins Feld führen. Die Ursachen dafür sind in einer Praxis zu suchen, die einerseits vor allem Konsumzwängen folgt und andererseits der schlechten Angewohnheit, Dinge aufgrund subjektiver Einschätzungen zu bewerten, anstatt sich auf erhobene Fakten zu stützen: Auch die Umweltbelastung durch unsere Gärten lässt sich als Zivilisationskrankheit bezeichnen.

|||||||||||||||||||||||||||||||||||

Es riecht nach Regen

|||||||||||||||||||||||||||||||||||

Im Schutz des Geräteschuppens warte ich darauf, dass es regnet, wie es schon mein Großvater zu tun pflegte, wenn ein Gewitter die Luft mit demselben erdigen Aroma erfüllte, das auch jetzt meine Nase kitzelt. Es handelt sich um den fruchtbaren Geruch, bei dem Regenliebhabern das Herz aufgeht, der saumselige Samen keimen lässt und das Wiederaufleben der Pflanzen am Ende der Dürre ankündigt, wenn endlich der Durst der Knospen gestillt ist und sie sich wieder vermehren. Interessanterweise rümpfen wir bei demselben Geruch die Nase, wenn er uns aus einem Glas offensichtlich nicht trinkbaren Wassers entgegenströmt, was zeigt, dass die Chemie der Düfte und ihre Dechiffrierung in unserem Gehirn nicht mit zwei, drei hastigen Worten abgetan werden kann.

Wie damals schon bieten auch heute Regentage eine vertikale Abfolge von Aromen, die Sommeliers von Grünanlagen erfreuen: Die elektrostatische Spitze bringt den Kurzschlussgeruch erhöhten Ozons, dann verbreiten die ersten Tropfen flüchtig den lehmigen Duft nasser Erde, und erst ganz am Ende entfaltet sich, runder und ausgefeilter, das eigentliche Regenaroma. Im Unterschied zu fast allen natürlichen Gerüchen, die aus der Kombination Hunderter flüchtiger Stoffe entstehen, sind für den Duft nasser Erde hauptsächlich zwei Dinge verantwortlich: Eine organische Substanz namens 2-Methylisoborneol, mit Ähnlichkeiten zu Kampfer, und vor allem ein kaum komplexeres Molekül namens *Geosmin*, dessen Ursprung bereits seit Jahrzehnten bekannt ist: Es wird von einigen filamentösen Pilzen und von fast allen Süßwasser-Cyanobakterien gebildet, die ihre Zelte im Boden, in mehr oder weniger nasser Erde, aber auch auf Asphalt, Fels und Ziegelsteinen oder in Wasserläufen aufgeschlagen haben. Wir wissen noch nicht, was genau sie damit anfangen, aber diese Mikroorganismen stellen Geosmin her und verwahren den allergrößten Anteil in ihren Zellen. Diejenigen unter ihnen, die zunächst wachsen und gedeihen, dann jedoch die Trockenheit des Sommers nicht überleben, geben es schließlich mit ihrem Tod an den umgebenden Boden ab. Da es kaum flüchtig ist und auch großer Hitze widerstehen kann, sammelt es sich in der Erde an. Unter normalen Umständen hängt das Geosmin sich anschließend an Ton- und Sandpartikel, es verdunstet nicht und kann erst dann abheben, wenn die ersten Tropfen auf den Boden aufschlagen und es von der mechanischen Kraft des Regens zerstäubt wird.

Aus der Deckung des trockenen Geräteschuppens heraus ließ sich der Erdgeruch nicht immer erschnuppern, während das kräftigere Aroma des Regens häufiger wahrzunehmen war. Im Frühling entdeckte man ihn beispielsweise gar nicht, im Winter auch nicht, und auch im Herbst war nicht jeder Regenguss in der Lage, die Luft damit anzureichern. Vor allem ist eine ausreichend lange Periode der Trockenheit und hoher Temperaturen vonnöten, damit die *Streptomyces*-Bakterien genug Zeit haben zu wachsen, sich zu vermehren, Geosmin zu produzieren und anschließend zu sterben. Außerdem eignen sich poröse Böden besonders, weshalb beispielsweise umgegrabener oder aufgelockerter Boden besser funktioniert als Zement. Am besten jedoch sind tonige und sandige Böden. Und schließlich sind auch nicht alle Tropfen ideal dafür, duftende Aerosole aus dem Boden zu stampfen: Je schwächer und feiner der Regen ist, desto intensiver fällt die Verteilung des Aerosols und damit auch der Geruch aus. Haben die Tropfen jedoch zu viel Kraft, reicht die Energie der Luftblasen nicht aus, um gegen den Strom aufzusteigen, und sie werden nicht in die Atmosphäre entlassen. Es sind auch nur die ersten Tropfen, die ein Aerosol mit hohem Geosmingehalt hervorrufen können, weshalb der angenehm erdige Geruch nur in den ersten

Minuten des prasselnden Spektakels vorherrscht. Nach und nach erschlagen die nachfolgenden Regentropfen das Aerosol, sodass das noch im Boden verbliebene Geosmin, anstatt in die Luft geschleudert zu werden, ausgewaschen wird und in seinen nicht flüchtigen Zustand zurückkehrt.

In der olfaktorischen Abfolge für Regenfanatiker darf man den nassen Erdgeruch nicht mit dem verwechseln, der kurz danach aufsteigt und facettenreicher anmutet. Dieser heißt *Petrichor* und wird häufiger mit Regentagen in Verbindung gebracht. Er ist weniger erdig und besteht aus einer komplexen Mischung von Substanzen, die schon bei Raumtemperatur eine höhere Flüchtigkeit aufweisen. Sie rühren sowohl von Mikroben als auch von Pflanzen her und sobald sie in Flüssigkeit gelöst werden, genügt die bloße Wärme, um sie verdampfen zu lassen.

Von allen organischen Stoffen, die der Regen in Kontakt mit unserer Nase bringt, springen wir Menschen und diverse andere Tiere ganz besonders auf Geosmin an. Wir können es leicht in der Luft ausmachen, ohne dass es besonders viel davon sein müsste. Es handelt sich dabei um eine jener Substanzen, auf die unser Geruchssinn mit am meisten geeicht ist: Eine Person ohne jede Vorbereitung kann sie bereits in einer Konzentration von unter einem ppb (*parts per billion*, also Anteile pro Milliarde) deutlich erkennen – zur Veranschaulichung: Wenige Tropfen genügen, um rund 2,5 Millionen Liter, so viel passt in ein olympisches Schwimmbecken, nach Erde riechen zu lassen.

Die Frage nach der Ursache für diese Sensibilität führt uns zur Ambivalenz ihrer Wahrnehmung: Solange wir jenseits der Schwelle einer gemütlichen Holzhütte sitzen, erwärmt uns Geosmin das Herz mit Erinnerungen an die Kindheit, aber wenn derselbe Geruch aus einem Wasserhahn zu uns aufsteigt, ist unsere Reaktion darauf viel weniger enthusiastisch. Denn in diesem Kontext wird das Aroma zu einem olfaktorischen Alarmsignal, das auf zweifelhafte Genießbarkeit hinweist. Es ist zwar für sich genommen unbedenklich, doch empfinden wir Geosmin als unangenehm, wenn es sich im Fleisch von Süßwasserfischen ansammelt, die es von Cyanobakterien erben, oder wenn es sich als schlammiger Nachgeschmack in Gemüse zu erkennen gibt. Diese defensive Aufmerksamkeit ist jedoch nicht nur auf den Menschen beschränkt, sondern auch bei vielen anderen Organismen verbreitet, wie etwa herkömmlichen Fruchtfliegen – obwohl sie sich von verderbendem Obst ernähren, in dem es von Mikroorganismen aller Art nur so wimmelt. Auf diese Insekten wirken schon geringe Spuren von Geosmin so abschreckend, dass sie die Speise verschmähen, da es auf die Präsenz schädlicher Pilze hinweisen kann.

In der Natur hat jedoch jede Medaille mindestens zwei Seiten, weshalb es für andere Organismen eher eine überlebensnotwendige Fährte darstellt. *Dehydrogeosmin* ist eine etwas flüchtigere Variante, die jedoch genauso erdig ist und sich im Duft von Zierkakteen der Gattung *Rebutia*, *Gymnocalycium* und *Dolichothele* findet. Hier dient der Stoff als Lockmittel für Insekten, die in der Wüste nach Oasen suchen und von einem Aroma überlistet werden, das Feuchtigkeit vortäuscht, und so werden sie als Bestäuber missbraucht, ohne auch nur eine Erfrischung als Dankeschön. Regenwürmer und die mikroskopischen Springschwänze aus dem Stamm der Sechsfüßer (*Hexapoda*), die sich in den feuchteren Bereichen unserer Gärten tummeln, werden davon auf unwiderstehliche Art und Weise angezogen. Sie nutzen es als duftendes Leitsystem, um die für sie angenehmsten und nahrungsreichsten Gebiete ausfindig zu machen. Frei nach dem Motto: »Wo es Geosmin gibt, gibt es auch Süßwasser« verwenden Aale es während ihrer Wanderungen wie eine Art Leuchtturm, der ihnen bereits auf offener See verkündet, wo sich die Flussmündungen befinden. Und während der Regen den Durst der Pflanzen stillt, die ich durch die Tür des Schuppens erspähen kann, denke ich an jene Tiere, für die Wasser ein essentieller Rohstoff ist, wie beispielsweise Kamele. Sie können bereits aus mehreren Kilometern Entfernung eine Oase erschnuppern, und zwar dank ihres ausgeprägten Riechers für Geosmin, der noch viel empfindlicher ist als unserer. Im Gegenzug geben sie den Streptomyces- und Cyanobakterien eine kostenlose Mitfahrgelegenheit auf ihrer Schnauze, die so auch ansonsten unerreichbare Oasen besiedeln können. Sollte je ein Kamel in euren Garten eindringen, könnt ihr die Schuld dem heimeligen Geruch der Erde zuschreiben, die gerade von eurer Gießkanne oder einem sanften Herbstregen benetzt wurde.

MACHEN GÄRTEN
GLÜCKLICH?

Mein Großvater hat, wie viele seiner Altersgenossen, erst im Pensionsalter zu Spaten und Harke gegriffen. Um mit dem neuen Maß an Freizeit zurechtzukommen, hatte er zunächst die Pflege eines Gemeinschaftsgartens übernommen (im Nachhinein betrachtet, stellen solche sozialen Initiativen die wahren Schulschiffe jenes Potpourris aus Tradition, Aberglauben, Effizienz und Wissenschaft dar, das den weltweiten Gartenbau vorantreibt, so wie Kneipen Brutkästen von sportlichem und politischem Engagement sind). Anschließend hatte er den Garten meiner Eltern in Beschlag genommen und sich schließlich mit dem Grundstück selbstständig gemacht, das ich geerbt habe.

Diese Entscheidung wurzelte in seiner Zugehörigkeit zu einer Generation, in der Gemeinschaftlichkeit und Kooperation großgeschrieben wurden. Zwar sind die ursprünglichen Keimzellen inzwischen verloren gegangen, aber auf öffentlicher und gesundheitlicher Ebene wird noch für solche Unternehmungen geworben: Sich um einen (Gemüse-) Garten zu kümmern, ist gut für Körper und Geist, sowohl für den Einzelnen als auch für die Gesellschaft. Wer sich regelmäßig mit Gartenarbeit beschäftigt – in geringerem Maße aber auch jeder, der einfach nur in der Nähe von Gartenanlagen lebt –, weist eine bessere geistige Gesundheit und ein geringeres Depressionsrisiko auf, kann ein höheres Maß an körperlicher Aktivität vorweisen und besitzt ein reicheres Sozialleben, was mehrere Studien nachgewiesen haben.

Dieselben Studien haben jedoch gezeigt, dass auch in diesem Fall der »Führungsstil« eine große Rolle spielt und dass es keinesfalls genügt, Besitzer eines Gartens zu sein, um diese besonderen Früchte ernten zu können: Gärtner mit einem starken ökologischen Bewusstsein profitieren den Daten zufolge stärker auf psychologischer Ebene und gewährleisten gleichzeitig auch einen größeren Gewinn für die Gemeinschaft, vor allem, wenn sich auf ihren Grundstücken Bäume befinden. Das Wachstum der Pflanzen zu beobachten, sich regelmäßig die Hände schmutzig zu machen, indem man in der Erde wühlt, während der langen körperlichen Tätigkeiten die Gedanken schweifen zu lassen, die durchzuführenden Arbeiten selbst zu planen, viel Zeit im Freien zu verbringen und einen Lernprozess zu durchlaufen – all diese Dinge gehören zu den gärtnerischen Aktivitäten, die den meisten gesundheitlichen Nutzen bringen. In komplexen Gärten hat man mehr Gelegenheit dazu und auf lohnenswertere Weise als in Gartenanlagen mit simplen Rasenflächen, die einfach nur genossen werden.

Andere Untersuchungen haben die Auswirkungen an Zahlen festgemacht und die Voraussetzungen beschrieben, die für eine Maximierung der positiven Effekte benötigt werden.

GRÜNE STÄDTE SIND GLÜCKLICHE STÄDTE

Die wissenschaftliche Disziplin, die mich zu dem gemacht hat, was ich bin, wenngleich sie mich dabei von der physischen Seite der Pflanzen ferngehalten hat, arbeitet schon seit langem daran, die Auswirkung von Gärten auf die Gesundheit zu messen. Beispielsweise hat sie versucht, die Vorteile für alle jene zu erfassen, die das Glück haben, in Städten mit zahlreichen Grünflächen zu leben. Zwischen 2002 und 2008 wurde eine Studie durchgeführt, bei der die Krankenakten von mehr als 100 000 Frauen mit Satellitenaufnahmen der Stadtteile verglichen wurden, in denen sie leben. Das Ergebnis besagte, dass Bewohner von vegetationsreicheren Gebieten eine um 12 % niedrigere Sterberate aufweisen als Einwohner von Bezirken ohne Grün. Insbesondere sinkt bei Frauen aus den »gesünderen« Stadtteilen die Wahrscheinlichkeit für Atemwegs- und Tumorerkrankungen um 34 % bzw. 13 %.

In einigen Fällen ist man so weit gegangen, physiologische Parameter zu messen, wie etwa die Ausschüttung des Stresshormons Cortisol: Bei Personen, die weiter von Grünflächen entfernt leben, fielen die Cortisol-Werte, über den Tag betrachtet, weniger positiv aus. Im Gegenzug waren sie umso besser bei Menschen, die einen Großteil der Zeit in der Nähe von Parks, Gärten und baumgesäumten Alleen verbringen. Vornehmlich wird dabei der Aspekt der psychischen Gesundheit und der niedrigeren Depressionsrate betont, doch andere Studien suggerieren, dass der rein materielle Einfluss durch bessere und reinere Luft ebenso hoch ausfällt.

Wenngleich es sich dabei nicht um ein Krankheitsbild im eigentlichen Sinn handelt, stellt Wärme zum Beispiel eine der häufigsten Ursachen für Beschwerden im urbanen Raum dar. Gerade hier vervielfachen die zahlreichen einförmigen und spiegelnden Oberflächen die Erhitzung aufgrund der Sonneneinstrahlung, wodurch regelrecht glühende Inseln entstehen. Schätzungen der Weltgesundheitsorganisation sagen für 2030 einen Anstieg der jährlichen Todesfälle infolge von Hitzewellen auf 100 000 voraus, ein Wert, der sich bis 2050 verdoppeln wird, sollte nicht durch gezielte Maßnahmen eingegriffen werden. Man geht davon aus, dass dieser Effekt an einer im Vergleich zum Umland um 1–3 °C erhöhten Durchschnittstemperatur in der Stadt festgemacht werden kann.

Damit einher geht ein negativer Dominoeffekt aufgrund der zunehmend schrumpfenden Bewaldung: Eine kürzlich durchgeführte Bestandsaufnahme in den 200 größten US-amerikanischen Städten hat einen Rückgang um 2 % festgestellt – das entspricht 4 Millionen Bäumen, die jedes Jahr aus den Städten verschwinden. Eine NASA-Studie anhand von Satellitenaufnahmen hat es dabei ermöglicht, den Temperaturanstieg mit dem Schwund baumbestandener Flächen im Übergangsbereich von Stadt und Land in Zusammenhang zu setzen. Das hat eine für den Städtebau nicht unerhebliche Ziffer geliefert: Wenn die gepflasterte Fläche mehr als 35 % einer Stadt umfasst, wird der Effekt stärker und nimmt linear zu. Es handelt sich dabei nicht bloß um eine banale und passive Frage des Schattens. Das Phänomen der Evapotranspiration, das wir schon von der Bewässerung kennen, spielt auch hier wieder eine große Rolle, da ein erhöhter Wasserausstoß seitens der Pflanzen eine kühlende Wirkung entfaltet: Durch die Transpiration verschaffen sich die Blätter eines Baumes Kühlung. Das verringert die Menge an Energie, die als Wärme abgegeben wird, was wiederum die Umgebung weniger stark erhitzt, als es durch andere Oberflächen geschieht. Das gesamte Ausmaß hängt darüber hinaus natürlich auch mit der jeweiligen Pflanzenart zusammen; ein Rückgang des Baumbestands hat gewichtigere Auswirkungen als der Verlust einer Rasenfläche, wenngleich es auch stark auf die Entfernung ankommt. Es hat sich beispielsweise gezeigt, dass die Bäume eines Parks in tropischeren Klimazonen die Temperatur um bis zu 6 °C senken können – ab einer Distanz von 300 Metern ist davon allerdings nichts mehr zu spüren, weil sich der Effekt des Zusammenspiels von Schatten, Wärmereflexion und Transpiration in der von Straßen und Häuserwänden aufgeheizten Luft verliert.

Ein weiterer kritischer Punkt des städtischen Umfelds ist der Feinstaub, der von Autos, Heizungen und Gebäuden ausgestoßen wird. Er wird als $PM_{2,5}$ bezeichnet und gilt als mögliche Ursache hinter zahlreichen Erkrankungen, vornehmlich der Atemwege (PM steht für *particulate matter*, die Zahl bezeichnet die Größe der Partikel in Mikrometern). Die Blätter der Bäume entfernen auf passive Weise einen kleinen Anteil der Staubpartikel, die in die dünne wächserne Schicht aufgesogen werden, mit der die Blätter überzogen sind. Die Teilchen befinden sich nicht länger in der Luft und werden zu Boden befördert, wenn das Blatt das Ende seines Lebenszyklus erreicht hat. Die entfernte Menge hängt also ganz entscheidend mit der Anzahl und der Oberfläche der Blätter eines Baumes zusammen, mit dem Umfang seiner Krone, mit der Dicke der Wachsschicht und mit den jeweiligen Erfordernissen eines bestimmten Ortes (Bäume, die in den gemäßigten Klimazonen in der kalten Jahreszeit ihre Blätter abwerfen, fallen somit als Filter aus, wenn die Belastung am stärksten ist, nämlich im Winter).

Folglich gibt es besser und schlechter geeignete Bäume und Merkmale. Bei den durchgeführten Tests haben sich dicht gepflanzte Ahornbäume, Ulmen und Pappeln als effektiv erwiesen. Dennoch haben, auf das ganze Jahr betrachtet, immergrüne Pflanzen wie Wacholder, Thujen, Zypressen und Kiefern die beste Leistung erbracht, die in Städten allerdings nicht sehr häufig vorkommen. Ihre Blätter weisen die vorteilhafteste Kombination aus Oberfläche, Dichte und Haltbarkeit aus, vereint mit einer dickeren Wachsschicht, die eine größere Menge an Feinstaub aufnehmen kann. Einige Bäume (der Gattung *Prunus* und *Cornus* sowie Eschen oder die japanische Wollmispel) stellen hingegen eher mittelmäßige Feinstaubvernichter dar, was deutlich macht, dass es, wie immer, nicht ausreicht, pauschal die Werbetrommel für die Vermehrung von Bäumen zu rühren, ohne sich auf wissenschaftlich erhobene, abgewogene und experimentell erhärtete Daten zu stützen.

Auch in diesem Fall stellt die Distanz eine wichtige Einschränkung dar, und ab einer Entfernung von 100 Metern liegt der Feinstaubwert wieder beim jeweiligen städtischen Durchschnitt. Außerdem wäre es angebracht, immer auch anzugeben, wie hoch die effektive Aufnahmefähigkeit ausfällt: Es stimmt zwar, dass bestimmte Kombinationen von Bäumen bis zu 24 % des Feinstaubs absorbieren können, andere allerdings erreichen maximal 5 %, während der Durchschnitt nur bei etwa 10 % liegt – und das reicht nicht aus, um einen Bereich mit hoher Umweltbelastung wieder in die Grenzwerte zurückzuführen. In den urbanen Ballungszentren Europas treten im Winter häufig $PM_{2,5}$-Messwerte von mehr als 40 ppm (Teilen pro Million) auf, die in solchen Fällen durch unsere schwächsten Bäume auf rund 38 ppm gesenkt werden könnten. Die erlaubten Grenzwerte liegen jedoch bei 25 ppm.

Diese Zahlen helfen dabei, die Strategien für die Maximierung der Effekte zu veranschaulichen und gleichzeitig realistische Erwartungen zu entwickeln. Beispielsweise verraten sie uns, dass

Gärten und Parks zwar einen deutlichen Anteil an der Luftqualität in der Stadt haben, aber nicht alleinig die Lösung darstellen können. Es handelt sich bei ihnen tatsächlich nur um eines von vielen Hilfsmitteln, die gemeinsam zur Bewältigung des Problems eingesetzt werden müssten. Die Werte besagen auch, dass bepflanzte Balkone und Mikrogärten einen lächerlich geringen Beitrag leisten, da die Hauptarbeit von Bäumen gestemmt wird.

Bei allen Entscheidungen, darf auch der wirtschaftliche Aspekt nicht außer Acht gelassen werden. Gratis-Software wie I-Tree hat es beispielsweise ermöglicht, den Geldwert der privaten und öffentlichen Bäume in der texanischen Stadt Austin zu ermitteln. Mit ihrer Hilfe konnte festgestellt werden, dass die baumbestandenen Flächen jedes Jahr Einsparungen in Höhe von 19 Millionen Dollar an nicht verbrauchter Energie ermöglichen, 17 Millionen Dollar für Kosten, die mit absorbiertem oder nicht ausgestoßenem Kohlendioxid zusammenhängen, 3 Millionen Dollar durch nicht eingetretene Erkrankungen – und darüber hinaus den Grundstückswert um insgesamt 15 Millionen Dollar erhöhen. Vergleichbare Schätzungen liegen auch für komplexere Metropolen vor, etwa New York, wo der wirtschaftliche Beitrag der Bäume mit 120 Millionen Dollar im Jahr veranschlagt wird, gegenüber einem Kostenaufwand von 22 Millionen. Viele Städte, wie Chicago, Toronto und Los Angeles, und auch Staaten, wie etwa Frankreich, erlassen Gesetze, die den Erhalt bestehender Privatgärten verbindlich machen und weniger das Anlegen weitläufiger Parks fördern, sondern neuer, mit Bäumen bepflanzter Bereiche, die möglichst ein zusammenhängendes Mosaik bilden sollen. Da ein wirtschaftlicher und gesundheitlicher Gewinn so leicht zu haben wäre, ist man der Meinung, dass solche Bereiche verpflichtend in urbane Bebauungspläne einbezogen werden müssten: Jedes neue Gebäude sollte nicht nur, wie es bereits geschieht, eine entsprechende Anzahl Parkplätze in die Entwürfe integrieren, sondern eben auch Baumflächen. Das würde auch gewährleisten, dass sich das grüne Mosaik organisch nach und nach ins Stadtbild einfügt.

Die Tendenz geht leider dahin, die Zahl der Bäume zu verringern. Das ist die Folge eines gewissen Widerwillens seitens der Bürger, sich um die Pflege der Pflanzen zu kümmern (Rückschnitte, Entfernung der Blätter), wie auch des generellen Rückgangs der Gartenflächen. Städte, die mehr Gärten enthalten, vor allem aber reich an Bäumen sind, die eine Höhe von zwei Metern übersteigen und umsichtig gepflegt werden, würden hingegen der Gemeinschaft insgesamt mehr Vorteile bieten, nicht nur den Einzelpersonen, die sie anpflanzen, beschneiden und pflegen – das wiederum wäre ganz im Sinne meines kooperativ eingestellten Großvaters gewesen.

KINDER-GARTEN: ÖKOLOGISCHES ASYL IM URBANEN GRÜN

Eines schönen Tages ruft Alice an. Sie arbeitet als Journalistin in Rom, und gerade weil sie so weit weg ist, hält sie mich für einen Experten im Gärtnern. Sie erzählt mir, dass sie auf dem Balkon ihrer neuen Wohnung große Blumentröge hat, die sie gerne bepflanzen würde. Es gibt da nur ein Problem: Sie verlässt die Wohnung früh am Morgen und kommt erst spät wieder nach Hause, sie ist immerzu in Gedanken und vergisst ständig, ihre Pflanzen zu gießen, weshalb diese regelmäßig von der Hauptstadtsonne gegrillt werden und sie neue kaufen muss.

Ich erfasse natürlich sofort, dass jedwede Form von Beaufsichtigung undenkbar ist und schlage ihr daher diese Option vor: Man füllt die großen Kästen mit Erde, dann setzt man sich daneben und überlässt die Schiffchen ihrem ökologischen Schicksal. Der eine oder andere Samen wird vom Wind herbeigetragen, die Stare werden auch einen Beitrag leisten, kurz: irgendetwas wird im Einklang mit den Jahreszeiten sprießen und wieder vergehen. Ist das Glück einem hold, werden die Abende überraschend von einer unerwarteten Blüte versüßt. Da dieses Vorgehen den üblichen Vorstellungen von hängenden Gärten in der Stadt zuwiderlaufen könnte, biete ich ihr auch die eine oder andere Ausrede für perplexe Gäste an: Je nach Gesprächspartner kann man erklären, dass der Balkon der hier heimischen biologischen Vielfalt eine Zuflucht bietet, dass alles kostenlos ist, ziemlich schick und wenig Arbeit macht. Oder dass es das Bedürfnis nach einem engeren Kontakt mit der unkitschigen Seite der Natur stillt und Teil eines Projekts zur Überwachung der spontanen Flora ist, das nichts weiter erfordert, als still vor einem Diorama der natürlichen Auslese zu sitzen.

Selbstverständlich muss sich das Gespräch auf wissenschaftliche Erkenntnisse stützen, worauf Alice auch aus beruflichen Gründen größten Wert legt. Also untermauere ich meine Vorschläge mit allem, was die Forschung mir bietet. Die Auffassung, wonach Gärten in Bezug auf biologische Vielfalt als steril zu betrachten wären, darf man als überholt betrachten. Ein durchschnittlicher Garten in einer englischen Provinzstadt beherbergt beispielsweise im Verlauf von 30 Jahren fast ein Viertel aller bekannten Insekten des Landes. Tatsächlich wurden bei Untersuchungen in solchen Gärten 15 Spezies entdeckt und beschrieben, die man zuvor in England nicht kannte, und vier Arten, die noch gänzlich unbekannt waren. Eine Studie hat sogar offenbart, dass alle englischen Gärten zusammen womöglich das größte Naturschutzgebiet Großbritanniens darstellen.

Wie aber sieht die biologische Vielfalt in urbanen Gärten aus? In Wahrheit scheinen sie nur einem kleinen Anteil der Fauna eine Zuflucht zu bieten. Säugetiere fallen besonders gering aus, da sie sich auf dem Boden fortbewegen müssen, viel Platz benötigen und vor allem von Seiten der Menschen viel weniger geduldet werden als Vögel und Insekten. Auch bei den Schmetterlingen werden nur ganz bestimmte Arten von den derzeitigen Stadtgärten begünstigt, nämlich vor allem mobile Arten ohne besondere Nahrungsvorlieben, die auch weit verstreute Gärten wie Inseln ansteuern können. Empfindlichere Arten, die sich nur von ganz bestimmten Pflanzen ernähren können, haben eine geringere Reichweite und daher Schwierigkeiten damit, von einer Insel zur nächsten zu springen, wenn die zu überbrückenden Distanzen zu groß sind: Sie benötigen mehr Rastplätze. Ausmaß und Lage der Gärten scheinen kein Problem darzustellen, zumindest für wirbellose Tiere: Die Populationen fallen für große und kleine Gärten, am Stadtrand oder mitten im Zentrum vergleichbar aus.

Was zählt ist also der Abstand zwischen einem Garten und dem nächsten, womit wir endlich eine Lanze für Mikrogärten und Balkone brechen können, nachdem sie in Bezug auf den Umweltschutz so schlecht abgeschnitten hatten. In Toronto wurden im Stadtzentrum zahlreiche leere Behälter aufgestellt, wie auch Alice sie nun auf ihrem Balkon hat. Es hat sich gezeigt, dass sich nach ein paar Wochen dieselbe Fauna an Insekten und dieselbe Flora in ihnen breitgemacht hatte, die auch in vergleichbaren Behältnissen in Wäldern und auf Wiesen in ländlichen Gegenden beobachtet werden konnten. Das ist regelrechten Korridoren zu verdanken, die das zusammenhängende grüne Mosaik aus Dachgärten, Terrassen und Parks bietet.

Unter diesem Gesichtspunkt sind Gärten nicht nur in Stadtgebieten von Bedeutung, sondern spielen auch auf dem Land eine wichtige Rolle, da sie beispielsweise zahlreichen als Bestäubern fungierenden Insekten Zuflucht bieten können. So bilden sie ein entsprechendes Mosaik, in dem die landwirtschaftlich genutzten Flächen den Platz der städtischen Häuserblocks einnehmen. Zahlreiche Studien haben diesbezüglich festgestellt, dass wilde Pflanzen eine höhere Samenproduktion aufweisen, wenn sie sich in der Nähe eines ländlichen Gartens befinden.

Auch hier hängt jedoch die biologische Vielfalt in Gärten ganz von dem Stil ab, mit dem der Gärtner darin schaltet und waltet. Das hat eine lange Serie von Untersuchungen ergeben, wobei Proben aus den aktuell rund 20 Millionen Gärten Großbritanniens entnommen wurden, um dort gefundene Insekten, Blütenpflanzen (*Angiospermen*), Flechten und Moose unter die Lupe zu nehmen.

In einer einzelnen mittelgroßen Stadt wurden Proben von 67 unterschiedlichen Moos- und 77 Flechtenarten gesammelt, wobei von letzteren im Durchschnitt 15 verschiedene Arten pro Garten ermittelt wurden: Je mehr unterschiedliche Substrate (Gestein, Holz, Pflanzen) sich finden lassen und je geringer die Luftverschmutzung ist, desto höher ist die Artenvielfalt. Dieselbe Untersuchung hat das Vorkommen von mehr als 1100 Pflanzenarten registriert, von denen rund 70 % Neophyten, also eingewanderte Spezies darstellen. Die Ergebnisse blieben auch in Bezug auf andere Breitengrade und andere Klimazonen konstant, was zeigt, dass die Eingriffe des Menschen von großer Bedeutung sind. Würde die Artenvielfalt allein an der Anzahl verschiedener Arten je Quadratmeter gemessen (was zwar für das Guinnessbuch der Rekorde ganz nett sein könnte, aber nichts mit dem ökologischen Begriff gemeinsam hat), gäbe es zwei Gewinner: Einen Garten in Israel und einen im englischen Leicester, bei denen über 250 Pflanzenarten auf weniger als 100 Quadratmetern festgestellt wurden, etwa doppelt so viele wie in den umliegenden natürlichen Lebensräumen. Mehr als 60 % dieser Pflanzen waren jedoch keine einheimischen Arten, was belegt, dass die floristische Vielfalt stärker vom menschlichen Schönheitsempfinden bestimmt wird als von natürlichen Dynamiken.

Aber von der biologischen Artenvielfalt mal ganz abgesehen: Umweltpsychologischen Untersuchungen zufolge lässt sich bei Menschen, die in rein urbanen Gegenden ohne jeden Kontakt zur Natur leben, eine von Generation zu Generation zunehmende »Umwelt-Amnesie« feststellen: Wer die Natur nicht sehen kann, entwickelt keine Sympathie für sie und hat daher auch keinen Bezug zu Umweltschutzmaßnahmen, was wiederum die Prozesse beschleunigt, die zur Verarmung der Lebensräume führen. Auch aus diesem Grund ist es wichtig, dass es Alice gelingt, ihre vernachlässigten Blumentröge mit etwas Leben zu füllen, ganz gleich, ob es sich um gekaufte Alpenveilchen handelt oder geheimnisvolle Samen, die der Wind pflanzt.

WARUM FLECHTEN ETWAS VON UMWELTVERSCHMUTZUNG VERSTEHEN

Der Winter steht vor der Tür, und das Leben im Garten ist wie eingefroren. Keine leuchtenden Farben, kaum ein Tier, das sich bewegt, die Bäume sind kahl, und es gibt wenig zu tun. Jetzt kann der Gärtner seiner kontemplativen Seite nachhängen, und jetzt bemerkt man auch die weniger auffälligen und unbeweglichen Gäste, wie etwa *Flechten*, die sich ockergelb und blaugrün von Baumstämmen, Steinen und Mauern abheben. Ohne sie je groß zu beachten, sind wir bislang davon ausgegangen, es müsse sich bei diesem Organismus um eine Symbiose zwischen einem Pilz und einem Cyanobakterium handeln.

Kürzlich wurde jedoch entdeckt, dass wir es nicht mit einem Paar, sondern mit einer Dreiecksbeziehung zu tun haben, da noch ein weiterer, seltenerer Pilz mitmischt, der zur Gattung der *Basidiomyceten* oder Ständerpilze gehört und auf unbekannte Weise zum Leben der Flechte beiträgt. Man weiß immerhin, dass der primäre Pilz, ein *Mykobiont*, für die Verankerung im Boden und angemessene Verteidigungsmaßnahmen sorgt, während das Cyanobakterium zur Photosynthese in der Lage ist, was die Versorgung mit Nährstoffen auch auf unwirtlichem Untergrund, wie etwa Steinen, sicherstellt.

Flechten fallen so gut wie gar nicht auf, zumindest im abgeschlossenen Raum eines Gartens, weil sie viel stärker mit ihren Reizen geizen als blühende Pflanzen. Außerdem wachsen sie um weniger als einen Millimeter pro Jahr und verändern ihr Aussehen mit dem Wandel der Jahreszeiten überhaupt nicht, weshalb sie noch lebloser erscheinen können als die Steine, auf denen sie sich niedergelassen haben. Sie widerstehen Austrocknung, Frost und anderen extremen Verhältnissen: Erklimmt man einen Berg, sind Flechten die letzten Lebewesen, die man noch zu Gesicht bekommt, und selbst im Betonherzen einer Großstadt sind sie als

Einzige in der Lage, mit dem vollkommenen Mangel an Erdboden zurechtzukommen, in den eine Pflanze ihre Wurzeln schlagen könnte. Sie wirken unzerstörbar, haben aber eine Achillesferse, die sie gerade im Stadtgebiet nützlich macht, um die Luftqualität zu überwachen. Viele Flechten sind nämlich besonders anfällig für bestimmte umweltbelastende Gase, die üblicherweise in Zusammenhang mit Smog auftreten. Schon bei minimalen Konzentrationen dieser Substanzen in der Luft sind bestimmte Flechten nicht in der Lage zu wachsen. Es wurde beobachtet, dass einige Flechtenarten besonders empfindlich reagieren und dass ihre Verteilung sich mit dem Vorkommen von Stoffen wie Schwefeldioxid und Stickoxiden deckt, die von Industrie- und Landwirtschaftsbetrieben sowie ganz allgemein von Städten freigesetzt werden. Ihr Schwachpunkt ist das Cyanobakterium, das aufgrund seiner einfachen Struktur nicht in der Lage ist, diese Gase aufzunehmen. Stattdessen reagieren sie mit seinem Chlorophyll und unterbinden die Photosynthese.

In vielen europäischen Ländern sowie den Vereinigten Staaten wird dieser Schwachpunkt genutzt, um Umweltüberwachungskampagnen durchzuführen: Dank der geringen Kosten für Beobachtung und Probenentnahme können natürliche und urbanisierte Gebiete flächendeckender kontrolliert werden, als es mit Instrumenten möglich wäre. Dabei werden die Flechtenarten sowie ihre Vielfalt innerhalb eines bestimmten Bereichs beobachtet, und da nur wenige Flechten tatsächlich resistent gegen Umweltverschmutzung sind, ist schon eine geringe Einschränkung der Diversität ein deutlicher Indikator: Wenn sie ganz fehlen oder nicht mehr als drei unterschiedliche Spezies vorkommen, gilt die Luftbelastung als hoch, da unter guten Luftverhältnissen mehr als 10 verschiedene Flechtentypen registriert werden können.

Flechten werden nicht aufgrund der Farbe, sondern nach ihrer Wuchsform eingeteilt. *Krustenflechten* sind in der Regel zäher und widerstandsfähiger (Wassermangel, Kälte, Umweltverschmutzung) und finden sich häufiger in Städten. *Blattflechten* und *Strauchflechten* benötigen ein feuchteres Klima und leiden unter Luftverschmutzung, in extremen Fällen so sehr, dass sie gar nicht wachsen. Ockergelbe Krustenflechten der Gattung *Xanthoria* wachsen häufig auf sehr alten Blumentöpfen oder auf den Randsteinen der Beete. Sie gedeihen beispielsweise auch bei sehr hohen Konzentrationen von Stickoxiden, sogar in unmittelbarer Nähe von Fabrikanlagen. Bartflechten (wie beispielsweise *Usnea barbata*), die zu den Strauchflechten gehören und fädige Äste aufweisen, tun sich hingegen schwer damit, die saubere Luft der Gebirgswälder zu verlassen, weil sie sehr empfindlich auf Schadstoffe reagieren.

Seit den siebziger Jahren wurden Tabellen angelegt, die Flech-

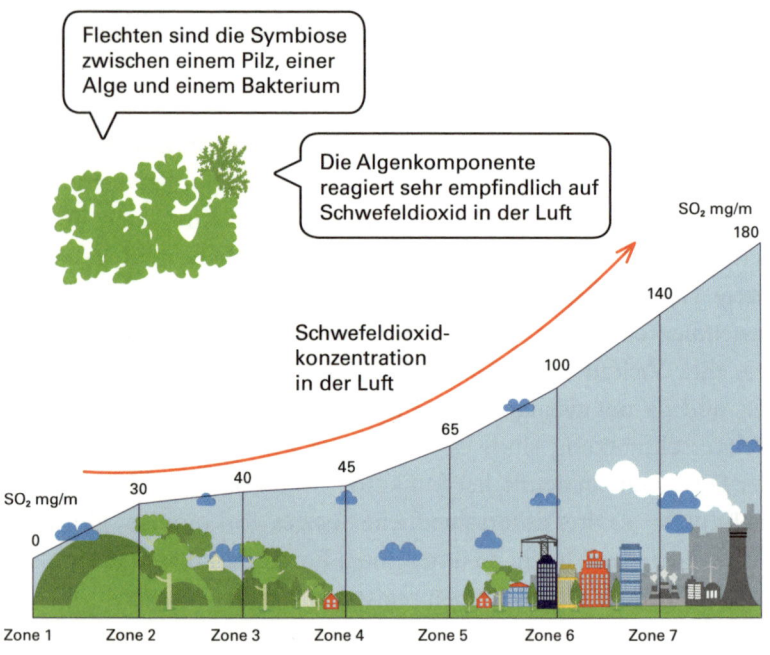

Flechten als Indikator für die Schwefeldioxidbelastung (SO_2)

tenpopulationen und Luftqualität gegenüberstellen. Sie gestatten es, flächendeckende Erhebungen zu machen und theoretisch Park für Park und Straße für Straße vorzugehen. Man weiß daher, dass das Fehlen empfindlicher Spezies einer durchschnittlichen jährlichen Schwefeldioxidbelastung der Luft von mehr als 30 Teilen pro Milliarde entspricht. Die Flechtenarten zu überwachen, die sich im eigenen Garten tummeln, stellt also eine relativ einfache Art und Weise dar, etwas über die Luftqualität zu erfahren. Gerade weil dies von so ziemlich jedem durchgeführt werden kann, laufen in vielen Ländern verschiedene *Citizen Science*-Projekte für Studenten und Gärtner. Eines der fortschrittlicheren wird in Großbritannien durchgeführt, verfügt sogar über eine eigene Smartphone-App und sammelt Daten zu Flechten, die auf Eichen und Birken wachsen. Es verfolgt drei Ziele: Daten für Feldstudien zur Luftqualität im ganzen Land zu erheben, Bürgern und Gärtnern ein Instrument an die Hand zu geben, mit dem sie in ihrer Gegend diese Messungen vornehmen können sowie eine größere Öffentlichkeit mit diesen Organismen vertraut zu machen, denen wir höchstens in der kalten Jahreszeit Aufmerksamkeit schenken.

||||||||||||||||||||||||||||||||||

Es gibt mehr Mikroorganismen auf Pflanzen als Sterne am Himmel

||||||||||||||||||||||||||||||||||

Tod durch Vergraben ist ein übliches Motiv in Westernfilmen. Als ich wieder einmal in den Genuss einer solchen Szene kam, fiel mir auf, dass man damit ganz gut eine einzigartige Eigenschaft von Pflanzen erklären kann, nämlich ihre Fähigkeit, sich an alle möglichen Umstände anzupassen. Dieses Todesurteil, das von einigen Indianerstämmen im wilden Westen praktiziert wurde, besteht darin, den Übeltäter aufrecht im Boden einzugraben. Nur sein Kopf lugt noch hervor und ist der gnadenlosen Sonne, den Ameisen und Fliegen, Krähen und allen anderen physischen und biologischen Unannehmlichkeiten ausgesetzt, die man sich nur vorstellen kann. Da er sich weder befreien noch fortbewegen kann und auch sonst keine Verteidigungsmöglichkeiten hat, ist der Tod dieses Gesellen nur eine Frage der Zeit und des Leids.

Genau so müssen wir uns den Alltag der Pflanzen vorstellen: regungslos und potenziell jeder Art von schädlichen Einflüssen ausgeliefert, lebendigen wie unbelebten. Da sie allerdings augenscheinlich ohne große Schwierigkeiten gedeihen, haben sie sich ganz offensichtlich ein System zugelegt, um das Todesurteil durch Eingraben zu überleben. Dieses System ist extrem facettenreich und gestattet es unter anderem, Mikroorganismen im Boden und in der Luft anzuheuern. In Momenten der Not bittet man am besten zunächst die Nachbarn um Hilfe, insbesondere dann, wenn sie selbst auch Unterstützung benötigen.

Es gibt tausend Metaphern für das Verhältnis zwischen Pflanzen und ihrem Mikrobiom (also der Gesamtheit der Mikroorganismen, die gemeinsam für das Wohlbefinden der Pflanze sorgen). Eine davon betrachtet Pilze und Bakterien als eine Legion von *Oompa Loompas*, den emsigen kleinen und gutgelaunten Arbeitern in Willy Wonkas Schokoladenfabrik. Im Austausch gegen so viele Kakaobohnen, wie sie nur wollen, haben sie sich aus einem Ambiente, das ihrem Wohlbefinden abträglich war, abwerben lassen und gedeihen nun in der Fabrik, die sich der Schriftsteller Roald Dahl ausgedacht hat.

Eine weitere Metapher, die weniger phantastisch ausfällt, dafür aber etwas wahrheitsgetreuer ist, sieht die Pflanze als eine Art Konzern und die Mikroorganismen als die Menge an Handwerkern, Genossenschaften und Betrieben, aus denen sich die sogenannte Zulieferindustrie zusammensetzt. Gemeinsam übernehmen sie all jene Tätigkeiten, die der große Konzern nicht selbst verrichten will, weil es sich aufgrund der Kosten, der zeitlichen Beschränkungen oder schlicht aus dem Grund nicht rentiert, dass ein Fachmann immer bessere Arbeit verrichtet als jemand, der ganz von vorne anfangen muss.

Beauftragt man einen Zulieferer, spart man Ressourcen, die für andere Dinge verwendet werden können. Vor allem gewährleistet es eine große Flexibilität, weil man die Möglichkeit hat, die Dienste eines Dritten wirklich nur dann in Anspruch zu nehmen, wenn sie einem tatsächlich nutzen – und das kann den Unterschied zwischen Leben und Tod bedeuten, wenn man bei lebendigem Leib eingegraben ist.

Die Populationen, die Kombinationen und vor allem die Rollen, mit denen diese Mikroorganismen an der Existenz einer Pflanze mitwirken, kennen keine Grenzen, und doch handelt es sich nicht um ein einzigartiges Phänomen: Auch wenn wir Menschen ein belegtes Brot verzehren, ungestört auf einer Parkbank, oder wenn wir uns zum Abendessen eine Singleportion Lasagne aufwärmen, sind wir nie wirklich alleine. Einige Milliarden andere Organismen leisten uns Gesellschaft, deren Lebensraum sich von unserem Verdauungstrakt bis zu unserer Haut erstreckt: schweigsame Tischgenossen, mehr oder weniger kontrollierte Symbionten und Gäste unserer ganz persönlichen Winkel und Gassen.

Die Medizin hat klargestellt, dass sie nicht nur unserer Gesundheit dienen, sondern für unsere gesamte Existenz eine Rolle spielen. Hätten wir keine Darmflora, die uns von Geburt an bis zum Tod begleitet, würden wir nicht lange überleben. Diese Beziehung ist so eng, dass sie die grundlegende Definition von Spezies ins Wanken bringt: Hängt eine Pflanze allein von ihrem genetischen Erbe ab, oder verschiebt ihre Abhängigkeit von Mikroorganismen die Grenzen der Kategorien?

Im Gegensatz zu allen anderen Spezies enthalten die Samen zahlreicher Orchideen, wie etwa *Anoectochilus imitans*, nicht genügend Energievorräte, um aus eigener Kraft ein neues Exemplar zu erschaffen. Die Keimung erfolgt nur dank bestimmter Pilze, aus denen sie in den ersten Lebensphasen Nährstoffe beziehen. Andere, wie der Vogel-Nestwurz (*Neottia nidus-avis*), sind noch weiter gegangen und haben die gesamte Energieproduktion ihres ganzen Lebens auf einen Pilz ausgelagert. Da in diesen und vielen anderen Fällen die Existenz der Pflanze quasi untrennbar mit der der Mikroorganismen verbunden ist, hat sich auch die Biologie angepasst. Seit einiger Zeit wird in der Wissenschaft daher immer häufiger der Begriff *Holobiont* verwendet, um die Gesamtheit eines Tieres und aller mit ihm verbundenen Mikroorganismen zu bezeichnen. Das *Hologenom* umfasst die Summe all ihrer Gene.

Wir können Pflanzen nicht länger als isolierte Organismen betrachten, weil ihr Überleben, also ihre Fähigkeit, sich an ihren Standort anzupassen und dort zu gedeihen, nicht nur von den Informationen abhängt, die in ihre Gene eingeschrieben sind, sondern auch von all den Informationen, die die schwindelerregende Zahl an Mikroorganismen beisteuert, mit denen sie kooperieren. Schätzungen zufolge lebt auf der gesamten Blattoberfläche aller Pflanzen der Welt eine Anzahl an mikrobiellen Zellen zusammen, die einer Milliarde Milliarden Milliarden entspricht und damit höher ist als die Zahl der Sterne im ganzen Universum (etwa 10^{26} gegenüber 10^{24}).

In einem einzigen Gramm des Bodens, der sich unmittelbar an den Wurzeln mancher Pflanzen befindet, der sogenannten *Rhizosphäre*, können bis zu 10^{11} Mikroben enthalten sein. Über diese gewaltige Bevölkerung wissen wir allerdings äußerst wenig, was auch ein Grund ist, weshalb wir noch nicht in der Lage sind, sie gezielt zu unserem Vorteil in unseren Gärten zu nutzen. Aus Untersuchungen geht hervor, dass die Rhizosphäre je nach Pflanze, Boden, Klima und Ort zwischen 100 und 55 000 verschiedene Spezies von Mikroorganismen beheimatet, von denen wir allerhöchstens 1 % identifiziert haben. Als *Phyllosphäre* bezeichnet man den mikrobiellen Lebensraum auf den oberirdischen Teilen der Pflanze. Sie besitzt eine größere Fläche und weniger Volumen, allerdings zeichnet sie sich durch weitaus kritischere Lebensverhältnisse aus als die Rhizosphäre: Die Umgebung ist trockener, der Sonnenstrahlung ausgesetzt und bietet viel weniger Nährstoffe. Das bringt eine stärkere Selektion mit sich, also ein weniger vielfältiges Vorkommen von Mikroben, was aber nicht heißt, dass sich hier weniger einzelne Organismen tummeln. Als ökologische Nische mit besonderen Anforderungen ist die Phyllosphäre weniger hart umkämpft, weshalb die Organismen, die sie erobern, sie voll und ganz besetzen können. Auf den Oberflächen der Blätter stoßen wir demnach auf Bakterien, die sich von organischen Substanzen ernähren, die die Pflanze in Form von Gasen abgibt; andere sind zu einer rudimentären Form von Photosynthese in der Lage, die nicht mit der Wirtspflanze interferiert, sondern nur das grüne Spektrum des Lichts aufnimmt, das von pflanzlichem Chlorophyll fast ganz reflektiert wird.

Darüber hinaus besteht eine enge Verbindung zwischen Pflanzen und Orten: Ein und dieselbe Pflanzenart arbeitet an unterschiedlichen Standorten mit jeweils anderen Populationen von Mikroorganismen zusammen. Feste Kooperationen sind selten, weil die Zulieferer immer dort rekrutiert werden, wo die Pflanze sich ansiedelt. Um möglichst ideale Voraussetzungen für die Bildung der Helferorganismen herbeizuführen, verändern Pflanzen die chemische Zusammensetzung der Rhizosphäre. So entsteht ein selektiver Nährboden, der durch seine Inhaltsstoffe bestimmte Spezies im Wachstum stärker begünstigt als andere und in den die Pflanze mehr als 40 % des Ertrags ihrer eigenen Photosynthese investieren kann. Tomaten, Gurken und Paprika geben beispielsweise große Mengen Zitronensäure in den Boden ab, wodurch sie das Wachstum von Bakterien begünstigen, die sich davon ernähren können, während deren Konkurrenten leer ausgehen. Andere Pflanzen sondern über ihre Wurzeln Substanzen ab, die im Boden lebende Pilze und Bakterien anziehen und ihr Wachstum sowie ihre Organisationsfähigkeit beeinflussen. Im Grunde arbeitet die Pflanze für die Ernährung ihrer mikrobiellen Zulieferbetriebe, damit diese ihr im Gegenzug zu einem besseren Leben verhelfen, indem sie sie gegen Erreger und Pflanzenfresser verteidigen (durch die Produktion von Antikörpern und Giftstoffen), indem sie Nährstoffe aufnehmen (wie etwa im Fall von Glomalin und der Bindung von Stickstoff) oder sie vor den typischen Leiden bewahren, denen Eingegrabene ausgesetzt sind (klimatische Extreme oder Versalzung). Oder indem sie spezielle Tätigkeiten verrichten, mit einem Effizienzgrad, den die Pflanze selbst nur durch unverhältnismäßige Anstrengungen erreichen könnte.

Eine äußerst wichtige Rolle in diesen Beziehungen spielt sogenannter *disease-suppressive soil*, wörtlich: krankheitsunterdrückender Boden. Solche Böden bestehen aus einer Rhizosphäre, die reich an schwerbewaffneten Mikroorganismen ist. Diese kleinen Kämpfer sind in der Lage, bestimmte pflanzliche Erreger anzugreifen, mit denen es manche Pflanzen im Laufe ihres Lebens zu tun bekommen. Sie scheinen eigens im Hinblick auf solche Pathogene gezüchtet zu werden. Das ist keine

151

Mikroorganismen ...

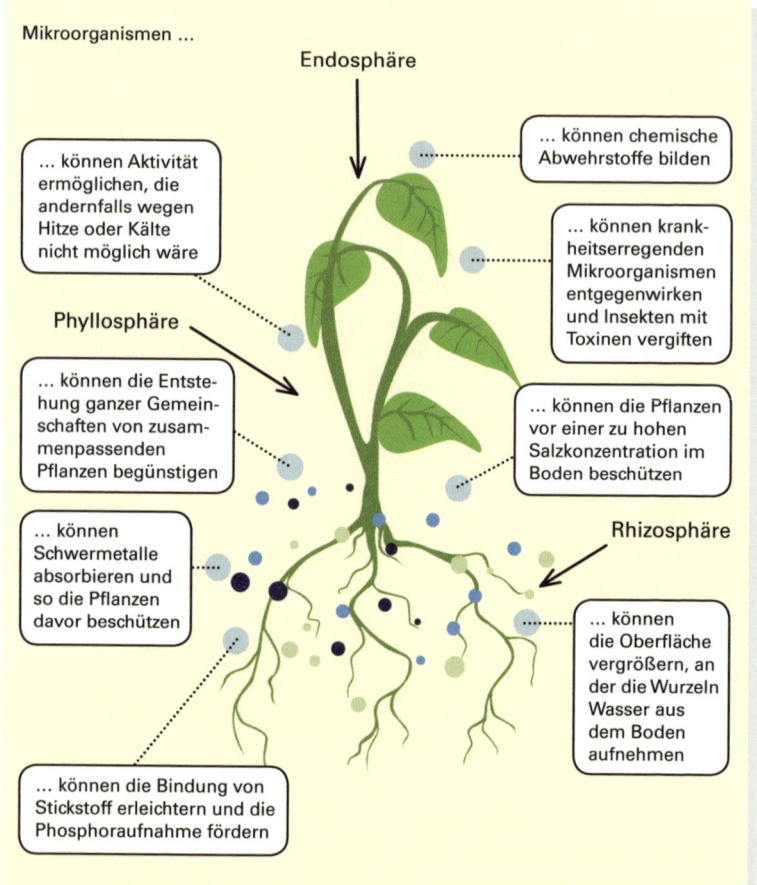

Endosphäre

... können Aktivität ermöglichen, die andernfalls wegen Hitze oder Kälte nicht möglich wäre

... können chemische Abwehrstoffe bilden

... können krankheitserregenden Mikroorganismen entgegenwirken und Insekten mit Toxinen vergiften

Phyllosphäre

... können die Entstehung ganzer Gemeinschaften von zusammenpassenden Pflanzen begünstigen

... können die Pflanzen vor einer zu hohen Salzkonzentration im Boden beschützen

... können Schwermetalle absorbieren und so die Pflanzen davor beschützen

Rhizosphäre

... können die Oberfläche vergrößern, an der die Wurzeln Wasser aus dem Boden aufnehmen

... können die Bindung von Stickstoff erleichtern und die Phosphoraufnahme fördern

Mikroorganismen im Dienst der Pflanzen

Seltenheit, und in den letzten Jahrzehnten wurden häufig Fälle dokumentiert, in denen ganze Felder von Kulturpflanzen eine Resistenz gegen Erreger im Boden entwickelt haben – und zwar durch den Einsatz einer Kombination verschiedener Mikroben-Söldner, die genau zu diesem Zweck angeworben wurden. Sie fungieren gewissermaßen als ein externer Immunsystemdienstleister, der nur beauftragt und ernährt wird, wenn der Erreger in Erscheinung tritt. Im Fall einiger Gräser, die teilweise auch in Rasen vorkommen, wurde beobachtet, dass solche Erkrankungen in den ersten Jahren nach der Aussaat häufiger auftreten, dann aufgrund dieses Phänomens abnehmen.

Eine neue Domestizierung der Pflanzen, bei der diese Eigenschaft mitberücksichtigt wird, könnte dazu dienen, ihnen ein angenehmeres Leben zu bereiten, wenn wir sie bei lebendigem Leib in einem Garten oder auf einem Acker vergraben. Bisher wissen wir jedoch zu wenig über diese Dynamiken.

Zum Beispiel haben viele der Mikroben, die dem pflanzlichen Leben zuträglich sind, nur dann eine positive Wirkung, wenn ihre Populationen von den Pflanzen selbst kontrolliert werden. Überschreitet ihre Anzahl und ihre Organisation einen kritischen Schwellenwert, werden sie nämlich selbst zu Krankheitserregern – ein wenig wie ein Zulieferer mit zu großem Erfolg, der plötzlich zum Konkurrenten für den Konzern wird. Außerdem kennen wir weder das genaue Ausmaß dieser Wirkung noch die Verantwortlichen, die wirklich dahinter stecken, weshalb wir diese Informationen noch nicht in vollem Umfang nutzen können: Wir würden Gefahr laufen, Resistenzen herbeizuführen oder die positive Wirkung zeitweiliger oder zu kurzer Behandlungen wieder zunichte zu machen. Auch haben wir noch nicht durchschaut, ob die beobachteten Effekte von einer, von wenigen oder von vielen Mikrobenarten gemeinsam hervorgerufen werden. Sicher ist nur, dass viele Forscher und viele Firmen Feldstudien von enormen Ausmaßen eingeleitet haben, beispielsweise zu Saatgut, das im Voraus mit Sporen überzogen wurde, von denen man sich eine positive Auswirkung verspricht.

Das könnte neue Perspektiven sowohl für Hobbygärtner als auch in der professionellen Landwirtschaft eröffnen. Die bisherigen Anzeichen machen jedoch auch deutlich, dass Pflanzen in einem Verbund existieren, der viel verzweigter und komplexer ist und in dem viel mehr Wechselwirkungen herrschen als bisher angenommen. Sie sind also alles andere als ein statisches Zierwerk oder simple Dekoration. In einem Umfeld, in dem fast immer der Wettbewerb im Vordergrund steht, eröffnen Pflanzen eine Perspektive der Zusammenarbeit, bei der gegenseitige Unterstützung und der übergeordnete Erfolg des Teams belohnt werden.

BÖSE BLUMEN

Das Wohlgefallen, mit dem wir Menschen im Allgemeinen der Beschreibung von Synergien zwischen Pflanzen oder zwischen Pflanzen und Mikroben begegnen, evoziert jedoch ein Bild, das mir aufstößt: Das idyllischer Gärten und Naturlandschaften und allem, was damit zusammenhängt. Als wären die Gewächse, die wir anpflanzen, gütige und liebe Wesen, sanfte Feen des Rasens oder arglose Tantchen, die sich ganz dem Wohl ihres Nächsten verschrieben haben. Sicher, sie können sehr kooperativ sein, synergistisch und ganzheitlich eingestellt, aber sie besitzen keinerlei ethische Werte, außer dem des Überlebens.

Und aus Rache an diesem pflanzlichen Gutmenschentum nutze ich die herbstliche Unterbrechung, um in einem Winkel meines Gartens ein neues Beet zu entwerfen: Ein Beet für eine Reihe bösartiger Pflanzen, mit dem ich die großen Romantiker unter meinen Gästen provozieren will. Ich habe sie mit demselben Eifer ausgewählt, den auch Abby und Martha Brewster an den Tag legten, wenn sie im Spitzenhäubchen den Kaffee ihrer Gäste mit Arsen würzten, bevor sie ihre Opfer im Panama-Kanal ihres Kellers zur ewigen Ruhe betteten.

In der Mitte, weit genug von unvorsichtigen Händen entfernt, habe ich einen Manchinelbaum (*Hippomane mancinella*) vorgesehen, wie ihn die Azteken zur Folter nutzten. Man musste nur einen Pechvogel mehr oder weniger nackt an den Stamm binden und abwarten, bis Feuchtigkeit oder Regen das *Phorbol* auf den Blättern lösten. Diese milchige Substanz verursachte scheußliche Verbrennungen auf der Haut. Dieser Verteidigungsmechanismus wirkt ebenso gut gegen alle, die sich mit dem Holz des Baumes ein warmes Feuer oder etwas zu essen machen wollen: Dieselbe Substanz wird auch mit dem Rauch davongetragen und verursacht entsetzliche Hautreizungen, vorübergehende Blindheit und ist giftig, wenn der Qualm eingeatmet wird. Außerdem lagert sie sich auch auf den gekochten Lebensmitteln ab und verätzt die Mundschleimhaut sowie die Magenschleimhaut während der Verdauung.

In unserer zoozentrischen Lebenswelt werden Pflanzenfressertum und die Ermordung der Pflanze durch das Tier als »natürlich« betrachtet und akzeptiert, während das Gegenteil fast schon als perverse Verdrehung der Regeln gilt. Zu beobachten, wie ein Insekt von einer nach Stickstoff hungernden Pflanze erbeutet und getötet wird, rührt tief in uns an etwas Ungesundes, an eine kaum zu tolerierende Grausamkeit, die fast noch entsetzlicher ist als die eines Tieres (und genau aus diesem Grund so faszinierend, oder?). Sie kommt uns beinahe so unnatürlich vor wie Kannibalismus und wird vielleicht deshalb als etwas Außerirdisches angesehen. Dabei ist der vorsätzliche Mord durch eine Pflanze alles andere als selten. Man muss sich nur über den Begriff »fleischfressend« einig werden, dann stellt man fest, dass Mord zu Ernährungszwecken und für einen Vorteil im Konkurrenzkampf mit großer Häufigkeit, Hingabe und Methode auch von ganz unverdächtigen Gewächsen verübt wird.

Für mein kleines Horrorbeet habe ich lautlose Killer mit dem Gesicht eines Engels ausgewählt, die mit einem Lächeln auf den pastellfarbenen Blütenblättern töten. Ihre Täuschung liegt gerade in ihrem idyllischen Anblick, und ich genieße es, sie zu enttarnen. Jeder weiß, wie es einer Fliege ergeht, die an der falschen Stelle auf einem Insektenfresser wie der Schlauchpflanze oder dem Sonnentau landet. Viele wissen auch, dass es sich dabei nicht um einen Mord um des Mordens willen handelt, sondern die Untat dem Bedürfnis entspringt, die Ernährung um wertvollen Stickstoff zu ergänzen, wo die Böden nicht genug davon enthalten und hergeben. Fleischfressende Pflanzen lösen Stickstoff- und Phosphormangel aufgrund von sauren, torfigen oder zu wasserhaltigen Böden durch drei wesentliche Anpassungen: Einen Fallenmechanismus, die Absonderung von Verdauungsenzymen sowie die Fähigkeit, nach der Verdauung die Flüssigkeit samt Nährstoffen wieder aufzunehmen. In der freien Natur gibt es aber eine nicht unerhebliche Zahl von grenzwertigen Situationen, und wenn die Kategorie der fleischfressenden Pflanzen doch recht beengt ausfällt (etwa 0,2 % der Blütenpflanzen), ist die der zum Mord berufenen Pflanzen bedeutend umfassender, subtiler und komplexer.

DER TOD STEHT DIR GUT

Der indirekte Mord ist eine laxere Kategorie mit weniger klaren Definitionen und als solche auch weniger auffällig. Gleichzeitig gehen ihre Zugehörigen hinterhältiger, raffinierter und manipulativer vor, um dieselben Ziele zu erreichen. Nimmt man die drei beschriebenen Anpassungen als Definitionsmerkmale, bleiben tatsächlich viele dazwischenliegende Situationen außen vor: Pflanzen, die nicht aus Ernährungszwecken töten, Pflanzen, die anderen die Verdauungsarbeit überlassen, oder Pflanzen, die im Untergrund morden.

Es gibt Pflanzen, die über jeden Verdacht erhaben sind, wie etwa *Potentilla arguta* (ein nordamerikanisches Fingerkraut), *Erica tetralix* (Moor-Glockenheide), *Geranium viscosissimum* (eine Geranienart), *Lychnis viscaria* (Gewöhnliche Pechnelke) und *Passiflora foetida* (aus der Familie der Passionsblumen) und viele mehr, die in der Lage sind, Insekten zu töten. Dazu geben Drüsenhaare an Stängel und Blättern verschiedene Klebstoffe ab. Sie können die gefangenen Insekten aber nicht selbst verdauen und nutzen dafür einen Teil der Mikroben, die ihre Rhizosphäre bevölkern, gewissermaßen als Subunternehmer. Man munkelt, dass selbst die schöne Petunie und die brave Tomate viel weniger engelhaft sind, als man meinen würde, was ihr Verhältnis zu Insekten angeht: Sie verfügen über entsprechende Härchen und fangen sich von Zeit zu Zeit ein Opfer damit. Es bleibt jedoch ein Geheimnis, ob sie ihre Beute direkt verdauen oder einfach nur einen Nutzen daraus ziehen, wenn die Kadaver von der Bodenmikroflora zersetzt werden. Dabei wird der Stickstoff gebunden, und die Pflanze kann mehr davon über ihre Wurzeln aufnehmen: Diese Arten leben zwar nicht in nährstoffarmen Böden, aber so lassen sich die Vorräte bequem aufstocken.

Der Darwin-Preis für gegenseitige Unterstützung geht jedoch an die Gattung der Wanzenpflanzen (*Roridula*) und an ein kleines palmenartiges Gewächs namens *Paepalanthus bromelioides*. Erstere beherbergen eine Wanzenart aus der Familie der Schnabelkerfe, die wie Clownfische in Anemonen vor dem klebrigen Fangmechanismus der Pflanze geschützt sind – und zwar durch ein Sekret, das die Pflanze selbst produziert. Die Wanzen ernähren sich dann gefahrlos von den gefangenen Insekten. Die andere Pflanze prangt auf Termitenbauten und hat zwar dieselben Bedürfnisse wie ein insektenfressendes Gewächs, aber keinerlei Fallen, nur einen kleinen Wasservorrat inmitten ihrer Blattrosette – und ständig in ihr lebende dichtbesiedelte Kolonien von Spinnen. Die Ausscheidungen der Wanzen beziehungsweise der Spinnen, die im Auftrag ihrer Wirte morden, können von beiden Pflanzen konsumiert werden. Im Gegensatz zu den Kadavern der Insekten werden sie direkt absorbiert, und zwar über Blätter, deren äußere Schicht hauchdünn und nicht, wie sonst, von Wachs bedeckt ist. So sichern sich die Pflanzen einen Vorrat an »verdaubarem« Stickstoff.

Diskretion ist eine wichtige Gabe, wenn man Undercover-Aufträge eines bestimmten Typs auszuführen hat, also neugierigen Blicken besser entgehen sollte. In meinem Monster-Beet habe ich auch ein Plätzchen für den einen oder anderen Sprössling der Gattung *Philcoxia* aus den brasilianischen Cerrado-Savannen vorgesehen. Sie weisen alle Eigenschaften und Bedürfnisse auf, um unter den Mörderpflanzen geführt zu werden, aber man erblickt sie nie mit einem gefangenen oder verdauten Insekt. In Wahrheit verschlingt der Fangapparat dieser Pflanzen kleine Würmer und besteht aus speziell angepassten Blättern, die im sandigen Untergrund verborgen bleiben.

Zum Preisträger der Medaille für »Fatale Verlockung« habe ich ein weitverbreitetes Wiesenkraut gekürt, *Capsella bursa-pastoris*, das gewöhnliche Hirtentäschel mit seinen herzförmigen Blättern und seinen erbarmungslosen Samen. Kurz vor der Keimung saugt sich der Schleim der Samenhülle mit Wasser voll und setzt einen verhängnisvollen Prozess in Gang: Es wird das chemische Äquivalent zum Sirenengesang der Odyssee gebildet, das im Boden lebende Fadenwürmer und bestimmte Einzeller (*Protozoen*) anzieht; dann werden Giftstoffe angesammelt und die Unglückseligen damit ermordet; als Nächstes werden Proteinasen abgesondert, also Verdauungsenzyme, die die Kadaver zerlegen; das wiederum ermöglicht es den Samen, Aminosäuren und Stickstoff aufzunehmen und anschließend diese Mahlzeit in die frühen Wachstumsphasen des Sämlings zu investieren. Das nächste Mal, wenn ihr entspannt im Gras liegt und verträumt die heranreifenden, herzförmigen Schoten des Hirtentäschels bewundert, sollte euch jede romantische Anwandlung im Halse stecken bleiben – jetzt, wo ihr das »Idyll« durchschaut.

Die Anpassungsfähigkeit der lebendig Begrabenen, die wir Pflanzen nennen, findet auch in ihren Verteidigungsmechanismen Ausdruck: In der Errichtung von Barrikaden, die in bester widerständiger Tradition aus Trümmern gefertigt sind und den größten Vorteil aus dem Wenigen ziehen, was man eben gerade zur Hand hat. Meine liebste Verbarrikadiererin heißt *Navarretia mellita*, gehört zu den sogenannten Sperrkräutern und zählt wie 88 weitere Gattungen zu den *Psammophoren*: Sie verteidigt sich gegen unerwünschte Bisse, indem sie sich einen zähneknirschenden Panzer aus Sand zulegt. Ihre zähflüssigen Sekrete fangen keine Insekten, sondern Sandkörner, die in ihrem bevorzugten Lebensraum in rauen Mengen vorkommen und die sie wie eine Ritterrüstung auf Silicatbasis anlegt.

In anderen Fällen hilft Grausamkeit dabei, ausgeklügelte Verteidigungssysteme zu entwerfen, bei denen Auftragskiller mit kleinen Opfergaben bei Laune gehalten werden. *Aquilegia eximia* ist eine elegante kalifornische Pflanze aus der Gattung der Akeleien mit auffälligen, strahlend roten Blüten. Sieht man jedoch im Frühjahr genauer hin, fällt auf, dass ihr Stamm übersät ist mit Insektenkadavern, die auf klebrigen Auswüchsen gepfählt wurden. Im Gegensatz zu anderen Bewohnern meines finsteren Beetes muss diese Pflanze ihren Stickstoffhaushalt gar nicht aufstocken und leidet auch sonst keinen Mangel. Ihre Unbarmherzigkeit dient allein dazu, den Raubtieren unter den Insekten einen gedeckten Tisch zu bieten. Sie werden vom Geruch der sich zersetzenden Körper angezogen und vielleicht sogar von den Substanzen, die die verendeten Leckereien mit ihrem letzten Atemzug ausgestoßen haben. Dieses makabre Buffet sorgt dafür, dass die Pflanze von einem kleinen Heer von Spinnen und fleischfressenden Insekten umgeben ist: Ihr Vorkommen ist gegenüber dem Durchschnitt um 75 % Prozent erhöht! Die hungrige Meute fällt dabei nicht nur über die von *Aquilegia* bereitete Mahlzeit her, sondern auch über alle zufällig anwesenden Raupen und sonstigen kerngesunden Insekten, gegen die die Pflanze sich nicht selbst wehren kann. Im Austausch für eine mehr oder weniger warme Mahlzeit leisten die Jäger einen mehr oder weniger freiwilligen Beitrag zum Schutz ihrer Wirtin.

Die Rolle des ebenso finster-exotischen wie tödlichen Vamps in einem vollendeten *Film Noir* bleibt jedoch *Triphyophyllum peltatum* überlassen, dem Hakenblatt. Nach einer scheinbar normalen Existenz im Unterholz der tropischen Regenwälder Westafrikas bildet diese Kletterpflanze kurz vor Beginn der nächsten Regenzeit einen eleganten rötlichen Stiel aus. Er ist übersät mit schleimigen Drüsen, die den üblichen Insektenkleber abgeben. Um nicht unnötig Energie zu verschwenden, werden die Drüsen für Verdauungsenzyme nicht gleichzeitig ausgebildet, sondern erst mit dem Reiz eines gefangenen Insekts (meistens ein Käfer). Nach einigen Wochen der (passiven) Jagd und des so erweiterten Speiseplans, lässt die Pflanze von ihrem fleischfressenden Verhalten ab, fällt wieder in ihre alten Gewohnheiten zurück und ernährt sich nur über den Boden. Gleichzeitig setzt sie jedoch gewissermaßen zum Sprung an und investiert die angefressenen Ressourcen in einen langen Spross, mit dem sie sich an den höchsten Gewächsen der Umgebung festhält. Auch während des ausgewachsenen Lianen-Stadiums wechselt *Triphyophyllum* Phasen, in denen es Blätter für die Photosynthese ausbildet, mit Phasen ab, in denen insektenfressende Zweige produziert werden. Einer solchen Dame, die sich mal harmlos gibt, mal grausam, kann ich einen Logenplatz inmitten meiner Blumen des Bösen unmöglich verweigern.

Finger weg vom Veilchen!

Es gibt wohl kaum eine Mutter, die nicht schon einmal ein Usambaraveilchen geschenkt bekommen hätte. *Saintpaulia ionantha*, um biologisch genau zu sein. Ob vor dem Küchenfenster oder im Wohnzimmer, wartet diese Zierpflanze mit ihren üppigen tiefvioletten Blüten und zartpelzigen Blättern mit einer ganzen Reihe von Trümpfen auf, um alle anderen »Pflanzen für Mama« auszustechen – nicht zuletzt dank einer Größe, mit der sie auch als Tischdekoration überzeugt.

Es ist nicht ganz einfach, eine *Saintpaulia* zu halten und gedeihen zu lassen: Man benötigt dazu den berühmt-berüchtigten grünen Daumen, behaupten die Gurus der Pflanzenwelt. Was sich übersetzen lässt in einen esoterischen Mix aus mikroklimatischen Bedingungen, Streicheleinheiten mit Licht und Temperatur sowie Aufmerksamkeiten aller Art – alles Dinge, die im Allgemeinen ihre irrationale und mythenumwundene Aura verlieren, sobald man den Schleier lüftet und sich die Physiologie und chemische Bionomie der Pflanzen genauer ansieht. Zwei amerikanische Forscherinnen haben beispielsweise versucht, einen ganz bestimmten Aspekt aufzuklären: Wie reagiert das Veilchen auf ständige manuelle Reibung, also auf andauerndes Betatschen (die plüschigen Blätter sind einfach unwiderstehlich …), und auf die Duftstoffe, die sich häufig an den Händen der Menschen befinden? Das Veilchen nimmt es anscheinend übel. Der physische Kontakt hat ein geringeres Wachstum der Blätter zur Folge, sowohl deren Anzahl als auch ihre Größe betreffend; und flüchtigen Stoffen ausgesetzt zu sein, vervielfacht das Leiden der Pflanze. Die Blätter altern in beiden Fällen schneller, sind anfälliger für Schäden und verlieren an Effizienz, was dem jeweiligen Gewächs ein elendes Äußeres verleiht.

Auch jenseits des doch sehr spezifischen Themas gestattet diese faszinierende Studie die eine oder andere Beobachtung: Die erste lautet, dass auch Pflanzen auf Düfte reagieren: Die Grabenkriege der natürlichen Lebensräume werden mit chemischen Gasen geführt, auch wenn Pflanzen keine Nase haben. Duftstoffe, die unserem Riechorgan angenehme Empfindungen bescheren, entsprechen häufig einem ruppigen »aus dem Weg« oder einem »zur Seite, Mikrobe!« in der Sprache des pflanzlichen Schulhofmobbings.

Die andere Überlegung hängt ebenfalls mit den Sinnen zusammen: Da sie keine Augen haben, mit denen sie sehen könnten, müssen Pflanzen für die Wahrnehmung des umliegenden Geländes auf andere Möglichkeiten zurückgreifen. So wie ein Duft auch eine Bedrohung darstellen kann, wird eine streichende Berührung als Zeichen für Platzmangel in einer bestimmten Richtung interpretiert. Als Reaktion darauf wird das Blattwachstum an derjenigen Seite der Pflanze gefördert, an der kein Kontakt stattgefunden hat und die daher frei von möglichen Hindernissen oder Konkurrenten zu sein scheint.

Wahrnehmung von mechanischen Reizen und die Reaktion darauf werden in einem Fachbegriff zusammengefasst, der fast ein Zungenbrecher sein könnte: *Thigmomorphogenese*. Dahinter verbirgt sich ein komplexes Netz von Genen, die durch Berührungsreize aktiviert werden und am Ende einer Kettenreaktion die Produktion von bestimmten pflanzlichen Hormonen regeln: Sie steuern das Wachstum des Stängels und die Ausbildung von Knospen oder auch deren Absterben, falls nötig. In manchen Fällen – und das ist die Rechtfertigung für augenscheinlich skurrile und zwecklose Untersuchungen – kann eine Einwirkung auf die Thigmomorphogenese auch von kommerziellem Nutzen sein. Zierpflanzen aus dem Gewächshaus haben beispielsweise die hässliche Angewohnheit, zu sehr in die Höhe zu wachsen: Um dieses Wachstum ohne den Einsatz chemischer Mittel zu regeln, kann auf regelmäßige Streicheleinheiten mit einer weichen Bürste zurückgegriffen werden. Das wird beispielsweise bei Feuersalbei (*Salvia splendens*) und bestimmten Studentenblumen (etwa *Tagetes patula*) durchgeführt, um sie ein wenig auszubremsen.

Es sind verschiedene Fälle bekannt, in denen nicht nur eine tatsächliche Berührung, sondern schon das Wehen des Windes Einfluss auf die Pflanzenorgane nehmen kann: Man denke nur an den Unterschied zwischen einer Rosmarinpflanze, die in der Stadt wächst, und einer, die den Meeresbrisen an der Küste ausgesetzt ist. Das Usambaraveilchen ist schließlich auch nicht eigens entstanden, um auf dem Häkeldeckchen der Tante zu glänzen, sondern um sich im ebenso komplexen wie konkurrenzreichen Lebensraum der afrikanischen Wälder durchzusetzen (die Art trägt ihren Namen, weil sie aus einer bestimmten Gebirgsgegend Tansanias stammt, den Usambara-Bergen). In einem solchen Habitat steigert der Kampf um Raum und Ressourcen die Notwendigkeit für selektive Anpassungen ins Unermessliche, um sich in den engen ökologischen Nischen erfolgreich behaupten zu können. Und das Veilchen hat gelernt, sich vorzusehen. Alle, die gerne mit ihrem grünen Daumen hausieren gehen, behalten besser ihre parfümierten Hände bei sich, denn unsere *Saintpaulia* ist aufgrund ihrer Herkunft nicht sehr gesellig und steht schon gar nicht auf kuscheln.

WINTER

NACKTE NAMEN

Einmal schneite ein seriöser Naturforscher herein, der festhalten wollte, welche urbanen Schmetterlinge in meinem Garten herumgeisterten. Während wir uns unterhielten, scherzten wir darüber, was wir Stadtmenschen über andere Lebewesen wissen oder zu wissen meinen. Unser kollektives Wissen über Pflanzen fängt bei gewürfeltem Spinat an, der im Ökosystem der Tiefkühlkost heimisch ist, und verebbt bei der laszivsten aller tropischen Orchideen, die mit geradezu pornographischem Gebaren in irgendeinem Dokumentarfilm begafft wird. »*Das Problem ist doch, dass wir absolut nichts über all das wissen, was dazwischen liegt, über das, was man nicht essen kann, was nicht knuffig ist oder als Beute zur Schau gestellt werden kann. Wir nehmen nur die Extreme der Artenvielfalt wahr: Das Ur-Getreide vom angesagten Biobäcker und die Mangroven aus dem Fernsehen*«, sagte Francesco mit einem grimmigen Lächeln.

Wer weiß schon, zum Beispiel, dass wir bisher etwa 100 000 Pilzsorten erkannt und mit Namen versehen haben, obwohl davon auszugehen ist, dass unser Planet zwischen einer und zehn Millionen Pilzarten beheimatet? Mir war das nicht klar. Gerade das Thema der Pflanzennamen hat im Verlauf der vergangenen Jahrzehnte eine ganz eigentümliche Wende genommen, aus verschiedenen, aber zusammenhängenden Gründen: Die Systematiker, also jene Forscher, die sich der Entdeckung, Beschreibung und Klassifizierung neuer Pflanzenspezies verschrieben haben, sind selbst zur bedrohten Art geworden. Ihre wissenschaftliche Disziplin gilt als wenig »sexy«, ihr technologischer Koeffizient ist ziemlich niedrig, und ihre Entdeckungen tun sich schwer damit, die Aufmerksamkeit der Massen auf sich zu lenken. So ist die Systematik in eine staubige Ecke der Wissenschaft gedriftet, wo die Fachrichtungen vor sich hin vegetieren, die in den Augen der Welt an Glanz und Wert verloren haben und nun eher in die Wissenschaftsgeschichte verbannt werden als auf der Bühne der Zukunft auftreten zu dürfen.

Die selektive Wahrnehmung der Menschen, die vor allem auf Tiere geeicht zu sein scheint, trägt eine gewisse Mitschuld daran, dass systematische Botaniker so etwas wie der Panda der Naturwissenschaft geworden sind. Dabei sollte man meinen, dass es an zu vernaschenden Bambussprossen nicht mangelt: In den letzten fünf Jahren sind sage und schreibe 9932 neue Pflanzenarten identifiziert worden, was die Summe der katalogisierten Gewächse auf die stattliche Zahl von 268 600 angehoben hat – vor allem scheint das Werk auch noch lange nicht vollendet zu sein. Wie viele Sticker fehlen uns denn, um das Sammelalbum der globalen Flora zu vollenden?

Aktuellen Schätzungen zufolge haben wir noch zahlreiche Seiten vor uns: Angeblich liegt die Gesamtsumme der Spezies, die unter die Überschrift der Gefäßpflanzen (*Tracheophyta*) fallen, zwischen 315 000 und 420 000. Das sind nur Vorhersagen, großzügige Hochrechnungen, die auf nicht immer einheitlichen Grundlagen und den verschiedensten Modellen basieren, aber mit der richtigen Mischung aus gesundem Menschenverstand und Pi-mal-Daumen-Statistik kann man mit einiger Wahrscheinlichkeit von einem Jackpot mit etwa 360 000 Spezies ausgehen (Es ist auch weiterhin nur von Gefäßpflanzen die Rede – nicht eingerechnet in diese Ziffer sind demnach Algen, Flechten und Moose in ihrer großen bunten Vielfalt, die es voraussichtlich auf eine weitaus größere Zahl bringen).

Mit dem Abakus im Anschlag und unter Beibehaltung der derzeitigen Geschwindigkeit wären mindestens 40 Jahre an Arbeit vonnöten, um die pflanzliche Volkszählung abzuschließen. Vorausgesetzt, die Erosion der Ökosysteme macht diese Untersuchung nicht überflüssig, indem sie den unbekannten Soldaten der Artenvielfalt vorzeitig aussterben lässt. Denn obwohl das Verhältnis zwischen bekannten Arten und den vom Aussterben bedrohten vertretbar erscheinen könnte (weniger als 3 % der blühenden

Pflanzen befinden sich beispielsweise auf der roten Liste), ist es tatsächlich sehr wahrscheinlich, dass sich die größte Dichte noch nicht entdeckter Pflanzen in tropischen Gebieten befindet, die den radikalen Umwälzungen am stärksten ausgesetzt sind.

Von allen neuen botanischen Spezies, die in den letzten 40 Jahren entdeckt worden sind, konnten nur etwa 16 % innerhalb von fünf Jahren nach der ersten Sichtung identifiziert werden. Von den übrigen haben nicht gerade wenige bis zu dreißig Jahre in jener Zwischenwelt der Herbarien verbracht, aufgebahrt zwischen Nadeln und Papier, bevor ihr Status als Neuentdeckung endlich anerkannt wurde. Die systematische Erfassung sieht derzeit wenige Entdeckungen in der freien Wildbahn vor, was angesichts der Beschwerlichkeit des Unterfangens und des hohen Fehlerrisikos auch richtig ist, und plant kaum noch Exkursionen der romantischen Art, bei denen sich die Forscher à la Indiana Jones durch Dschungel und Sümpfe schlagen: Das unentdeckte Land botanischer Entdeckungen befindet sich heute im Heuschober der Herbarien, wo unsortiert eingelagert wurde, was in den letzten Jahrzehnten an Entdeckungen angefallen ist.

Es geht jedoch nur im Schneckentempo voran – derzeit »entdecken« wir nämlich gerade Pflanzen, die zur Zeit des Kalten Krieges gesammelt wurden, noch vor dem Massaker auf dem Platz des Himmlischen Friedens, noch bevor Led Zeppelin sich aufgelöst hat, noch bevor Beckenbauer mit ausgerenkter Schulter und festgeklebtem Arm spielen musste, um ein paar kulturübergreifende Anhaltspunkte zu liefern.

Die zukünftigen Erkenntnisse zur Artenvielfalt ruhen eingebettet in den immensen *Backlog* der Herbarien der halben Welt, und die Kurve, mit der sie aufgearbeitet und integriert werden, weist eine geradezu lächerliche Steigung auf. Besonders heikel wird das Ganze, wenn man betrachtet, wie wenig sorgsam mit diesen quasi-musealen Gebilden umgegangen wird. Glaubt man den vergessenen Helden, die ein Inventar der eingelagerten Pflanzen dieser Welt zu erstellen versuchen, ruht in den bislang nicht untersuchten Herbarien rund die Hälfte der 90 000 Spezies, die schätzungsweise noch fehlen, um die Auszählung der pflanzlichen Artenvielfalt zu vollenden. Rechnen wir aber diesen Zeitplan gegen die Geschwindigkeit auf, mit der die gefährdeten Lebensräume verschwinden, aus denen viele dieser Pflanzen stammen, nutzen uns unsere Sticker am Ende höchstens für ein Sammelalbum des Bedauerns – eine Auflistung von Blumen, die nur noch in Herbarien existieren und von denen uns nichts bleibt als nackte Namen.

DEN BOTANISCHEN KLEIDERSCHRANK AUSMISTEN

2010 ist die endgültige Liste der botanischen Nomenklaturen veröffentlicht worden, das Ergebnis einer kolossalen Überarbeitungsbemühung seitens der weltweit größten Organisationen in dem Bereich. Mehrere Jahrhunderte mit den lateinischen Namen, die sich seit Linné angesammelt haben, und Millionen von Präparaten in Herbarien, die in allen Winkeln der Welt zusammengetragen und klassifiziert wurden, hatten eine Verwirrung gestiftet, wie man sie nur im legendären Babylon kannte – mit Auswirkungen auch in den stärker anwendungsbezogenen Disziplinen.

Beispielsweise kam die Frage auf, wie *Pygeum africanum*, *Pygeum crassifolium* und *Prunus africana* (drei unterschiedliche Bezeichnungen für den sogenannten »afrikanischen Pflaumenbaum«) auf dem Gebiet der Prostata-Therapie gehandhabt werden sollten, als Dubletten oder als einzelne Entdeckungen? Eines der Hauptprobleme stellten die Synonyme dar, also jene Pflanzenarten, denen – wie im eben genannten Beispiel – im Laufe der Zeit zwei, drei, vier oder noch mehr verschiedene Namen verliehen worden waren, von zwei, drei, vier oder noch mehr verschiedenen »Entdeckern«. Die Überarbeitung hat ergeben, dass sich hinter beinahe der Hälfte der Namen doppelte Sammelbilder verbergen. Wenn man in einem Kleiderschrank Ordnung schaffen will – und mit dieser mühevollen Aufgabe sind wir vermutlich alle vertraut –,

WIE VIELE PFLANZENARTEN KENNEN WIR?

Im Jahr 2015 neu entdeckte Pflanzen: **2034**
Bis heute beschriebene Gefäßpflanzen: **391 000**
Anteil der Pflanzen, die Blüten ausbilden: **94 %**

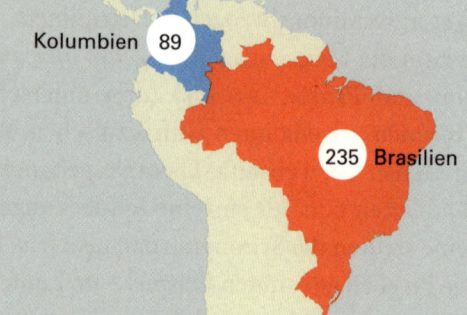

61 Mexiko

Kolumbien 89

235 Brasilien

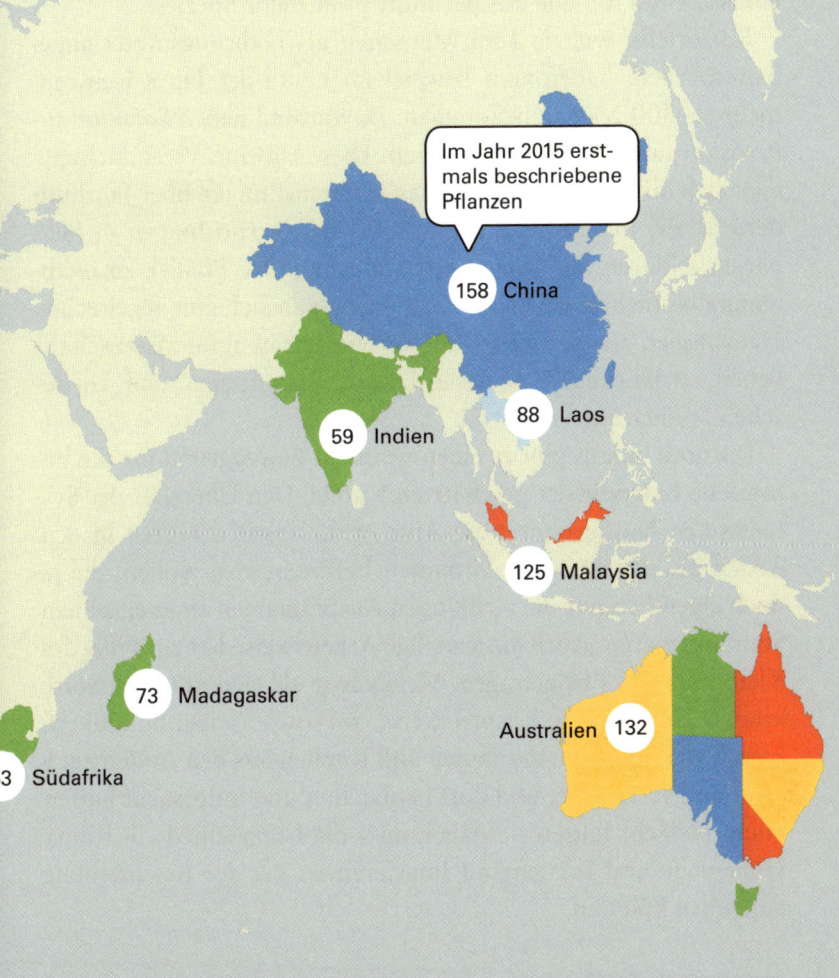

muss man auch verschämt seine Fehlkäufe zur Kenntnis nehmen, Klamotten, die man aus Gründen der Mode oder der Größe nicht mehr tragen kann, und für die Zwanghafteren unter uns bedeutet es auch, die Doppelten abzuzählen, die man loswerden muss. Der Rückschnitt ist beachtlich, hat aber eine befreiende Wirkung, die in manchen Fällen geradezu bestürzend werden kann – wenn sie einem vor Augen führt, welche Unordnung und Schwierigkeit mit einem Schrank einhergeht, der mehr als 300 000 Kleidungsstücke enthält, eines für jede uns bekannte pflanzliche Spezies.

Kartoffeln, wie sie vom Menschen als Nahrungsmittel angebaut werden, haben zum Beispiel im Laufe der Jahre weltweit mehr als 600 Namen bekommen. Davon sind neben *Solanum tuberosum* nur drei übrig geblieben. Diese enorme Vereinfachung lässt sich mit sehr weit zerstreuten Untersuchungen über Jahrhunderte sowie mangelnden nachträglichen Überprüfungen in Herbarien erklären, die eine derart vielbehandelte Pflanze zu unabhängig betrachtet haben. In der Folge ergab sich eine regelrechte Namensgier, aus der wiederum Verwirrung in agrarwissenschaftlichen, ernährungswissenschaftlichen, botanischen und chemischen Studien entstanden ist.

Darüber hinaus gibt es einen weiteren Beweggrund für die botanische Entropie der geschätzten Knolle: Den Übereifer der Systematiker, häufig ohne böse Absicht die lokalen Sorten in den Anden als eigenständige Varianten bestimmen zu wollen, die jedoch eigentlich nur die vielfältigen Ausprägungen eines einzelnen Stammes waren. Auch die jeweilige Arbeitsweise hat zur Fülle des Kleiderschranks beigetragen. Viele zuvor als eigenständige Sorte erfasste Arten waren beispielsweise von sowjetischen Botanikern klassifiziert worden, die Samen und Knollen aus den Anden nach Russland verfrachtet und dort beobachtet und untersucht hatten. Nicht bedacht hatten sie dabei, dass die Unterschiede in Klima, Höhenlage und Breitengrad Interferenzen bei der Beschreibung darstellen könnten.

PFLANZEN, DIE LADY GAGA HEISSEN, UND ANDERE SPÄSSE

Man hört immer wieder, die offizielle Sprache der biologischen Namensgebung sei Latein, weil das die Verkehrssprache zwischen Wissenschaftlern war, als Carl von Linné sich daran machte, den Lebewesen Vor- und Nachnamen zuzuweisen. Dieses Gerücht ist nicht nur nicht wahr, sondern stellt eine unverdiente Erblast für die Botanik dar, die wegen des Rückgriffs auf die Sprache Ciceros in der heutigen Epoche des *Codings* als Teil einer reaktionären, schwülstigen und altbackenen Welt erscheint, der sie in Wahrheit gar nicht angehört.

Zunächst einmal muss man kein humanistisches Gymnasium besucht haben, um zu durchschauen, dass die Sprache, die schon immer für die Definition von Gattung und Art verwendet wurde, eine Art Küchenlatein ist. Diese künstliche Sprache spielt mit den Klängen des alten Roms, um so einerseits die formalen Bedürfnisse der Systematik zu erfüllen und andererseits den kreativen Durst desjenigen zu stillen, der nicht nur das Glück hatte, eine neue Spezies zu entdecken, sondern der Nachwelt darüber hinaus ein denkwürdiges Vermächtnis hinterlassen will.

Im Gegensatz zu irgendeinem Pseudolatein zielt das botanische jedoch nicht darauf ab, den Gesprächspartner mit einem vernebelnden Schleier abstruser Fachsimpeleien abzuweisen, sondern versucht vielmehr, mit den Wörtern zu spielen, um die Pflanze mit Gegenständen, Ereignissen oder Personen aus der allgemein bekannten Welt in Beziehung zu setzen und so dem Neuankömmling zu einer grundlegenden Vertrautheit zu verhelfen. Schon Linné hatte spielerisch Worte mit latinisierendem Klang erschaffen oder botanische Wortschöpfungen erfunden, vielleicht, um seiner mönchischen Katalogisierungsarbeit einen kleinen kreativen Kitzel zu verleihen, doch hat das Heischen um Aufmerksamkeit vor allem in einer Hinsicht immer kühnere Formen angenommen, nämlich die Anspielung auf Prominente. Nicht zuletzt, weil es als Taktlosigkeit stilloser Emporkömmlinge gilt, sich verewigen zu wollen, indem man einer Pflanze den eigenen Namen aufdrückt. Früher wurde dasselbe Kriterium wie bei der Vergabe von Straßennamen verwendet, nämlich die Ehrung historischer Persönlichkeiten, bedeutender Politiker oder Herrscher. Zu diesem erlauchten Kreis gehören beispielsweise die Seerose *Victoria regia*, die Montezuma-Kiefer *Pinus montezumae*, die Flechte *Caloplaca obamae*, die amerikanische Palmengattung *Washingtonia* und die *Franklinie*, die der Kamelie ähnelt und dem Aussterben heute nur dadurch entgeht, dass sie wegen ihrer reinweißen Blüten und rostfarbenen Blätter gerne als Zierpflanze in Gärten verwendet wird. Natürlich hat auch die Schmeichelei ihren bescheidenen Auftritt, etwa mit den Bäumen *Napoleonaea imperialis* und *Bauhinia sirindhorniae*. Ersterer wurde im selben Jahr beschrieben, in dem sich der Korse selbst zum Kaiser gekrönt hat, und der andere sollte einer einflussreichen thailändischen Prinzessin zur Ehre gereichen.

Im selben Maße, wie sich das Konzept von Prominenz und Macht in der Gesellschaft weiterentwickelt hat, ist auch die Absicht hinter solchen Widmungen mit der Zeit eine andere geworden. In jüngster Zeit lässt man dabei die Adeligen und Politiker der Vergangenheit links liegen und zielt unmittelbar auf die Lobpreisung der Stars: Gattungen werden nach berühmten Sängern und Schauspielern benannt oder spielen indirekt auf Ikonen der internationalen Popkultur an. Die Regeln sind jedoch noch immer dieselben: Man spielt mit dem Pseudolatein herum und lässt sich von irgendeinem ästhetischen, historischen oder persönlichen Aspekt inspirieren, der die Pflanze und den Promi vom Dienst verbindet.

Das derzeitige Schwergewicht in dieser Hinsicht ist Lady Gaga, die eine komplette Gattung und fast zwanzig Farnspezies eingeheimst hat: *Gaga germanotta* und *Gaga monstraparva* heißen beispielsweise so, weil in ihrer Gattung die genetische Sequenz Guanin-Adenin-Guanin-Adenin auftritt (man beachte die Anfangsbuchstaben) und weil das Outfit, mit dem die Sängerin 2010 bei den Grammy Awards aufgetreten ist, in Form und Farbe einem Prothallium nachempfunden war, einer der Phasen im Lebenszyklus der Farne.

Auch hier mangelt es nicht an sehr speziellen Entscheidungen, die deutlich machen, wie sehr sich die Botaniker hinsichtlich ihrer kulturellen Prägung unterscheiden und dass deren Leidenschaften häufig jenseits des Mainstreams verlaufen: *Japewiella dollypartoniana* lautet der Name einer Flechte, die der Country-Sängerin Dolly Parton gewidmet ist, während *Macrocarpea dies-viridis* nach Aussage der Urheber seinen Namen der Tatsache verdankt, dass während der Mission im ecuadorianischen Dschungel, bei der es entdeckt wurde, die Forscher immer wieder Lieder der Punk-Gruppe Green Day abgespielt haben. Dieselbe Gattung beherbergt noch eine weitere Anspielung in *M. apparata*, die es erlaubt, von der Musik zur Literatur überzugehen: Die ersten Pflanzen erschienen den Entdeckern, als wären sie durch einen Teleportations-Zauberspruch à la Harry Potter aus dem Nichts im Urwald erschienen, wohingegen die Begeisterung für die quadratische Hose von SpongeBob Schwammkopf (im Original: SpongeBob Squarepants) dafür gesorgt hat, dass ein schwammartiger Pilz auf den Namen *Spongiformia squarepantsii* getauft wurde.

Derselbe Sinn für Humor, der aus diesen Entscheidungen spricht, hat kürzlich einen großen Satz nach vorne gemacht und eine Gruppe von Botanikern, die die Evolution des Konzepts von »Pflanze« aufmerksam verfolgt haben, dazu inspiriert, den ersten ernsthaften Versuch zu unternehmen, künstliche Pflanzen in ihrem systematisch-utilitaristischen Kontext zu erfassen. Die taxonomische Beschreibung der Gattung *Simulacraceae* (von *Simulacrum*, Trugbild, Fälschung) stellt ein revolutionäres Unterfangen dar, das uns naive und selbstgerechte Kosmonauten der Realität erleuchtet hat und das Augenmerk auf eine seltsame Familie richtet, der gegenüber sich alle auf schuldhafte Weise kurz- und weitsichtig zugleich verhalten haben: Ihre Mitglieder haben sich in kurzer Zeit überall ausgebreitet, obwohl sie kein genetisches Material besitzen und auch keine Samen produzieren; sie scheinen unsterblich zu sein und verbreiten sich dank dem Menschen in jeden noch so entfernten Winkel dieses Planeten und lassen niemanden an sich heran. Sie vertreiben innerhalb kürzester Zeit die heimischen Arten und jede andere Form pflanzlichen Lebens, ohne dass sie sich von irgendeinem Klima, Lebensraum oder sonstigem Umfeld von ihrer Ausbreitung abbringen ließen.

Zu den bevorzugten *Hotspots* dieser neuen und mitgliederstarken Familie gehören vor allem Bereiche, die aus Mangel an Gießenden als aride – trocken und dürr – zu bezeichnen sind (die Agora einer Spielhalle, die Wartezimmer der Hausärzte), die aufgrund fehlender Fenster übermäßig schattig ausfallen (U-Bahn-Stationen, Toiletten mit künstlicher Entlüftung), die für jede andere Lebensform zu wenig Humus aufweisen (der Tagungsraum des Firmenvorstands, das Armaturenbrett des Stadtbusses zur Stoßzeit) oder vollständig ungastlich gewordene Ökosysteme, in denen andere, weniger entwickelte Arten aufgrund übermäßiger Urbarmachung nicht länger überleben können (der restliche Planet?).

Von diesem Standpunkt aus betrachtet, scheinen die Simulacraceae die neue und endgültige Entwicklungsstufe der Anpassung an den Menschen seitens der Pflanzenwelt darzustellen. Sie weisen darüber hinaus eine beeindruckende Artenvielfalt auf. Ein einziger Hotspot mit wenigen Quadratmetern Fläche oder anders gesagt: eine einzige Hochburg der Simulacraceae-Biodiversität kann bis zu 180 Individuen aufnehmen, was 17 Gattungen und 86 unterschiedlichen Spezies entspricht. Man hat auch begonnen, sie nach den strengen Regeln des biologischen Pseudolateins zu katalogisieren, und es wurden bereits zig Gattungen identifiziert, die je nach ihrer materiellen Zusammensetzung beschrieben werden: Etwa *Granitus* als Name für hauptsächlich aus Gestein bestehende, *Papyroidia* sind aus Papier, und *Textileria*, *Plasticus*, *Paraffinus* und *Silicus* bezeichnen jene Arten, in denen hauptsächlich Stoff, Plastik, Wachs oder Glas nachgewiesen werden können.

Auch seltene Arten dürfen nicht fehlen, die aufgrund ihrer einzigartigen Ökologie auf sehr spezielle Nischen beschränkt sind, wie *Ductusadhesivia lilia*, die der Lilie ähnelt und aus Klebebandstreifen besteht, oder *Prophylactica saintpaulia*, deren Blüten von bunten Kondomen gebildet werden. Viele Simulacraceae verdanken ihren Erfolg der Fähigkeit, das äußere Erscheinungsbild anderer Spezies auf äußerst lebensechte Art und Weise nachzuahmen, wie sich etwa mit *Plasticus tilandsia* illustrieren lässt, der Epiphyten (Aufsetzerpflanzen) imitiert. Dasselbe gilt für *Plasticus viola*, *P. rosa* sowie *P. spathifolium* und *P. philodendron*, die die ursprünglichen Zierpflanzen zugunsten größerer Lebensdauer bei geringerem Bedarf an lumineszenten und H_2O-haltigen Ressourcen zu verdrängen scheinen. Andere hingegen setzen sich mittels ihrer extremen Spezialisierung durch, wie beispielsweise jene Baumart, die eine symbiotische Tarnexistenz mit den Sendemasten eingeht, die in der ökologischen Nische der Hügelkuppen zu finden sind. Nicht zu vergessen jenes Unkraut aus der Gattung der Gräser, das sich mit zunehmender Frequenz über sportliche Nutzflächen ausbreitet, auf denen etwa Fußball praktiziert wird. Die Namen sind jeweils *Metallicus pinus* der Varietät (»var«) *celltowerabscondium* beziehungsweise *Plasticus pratensis* der Unterart (»Supsp.«) *athletiperennis* – schließlich ist botanisches Pseudolatein eine ernste Angelegenheit.

ALS BÜRGER DER WELT
SIND PFLANZEN STAATENLOS

Es gab eine Zeit, da war der Name »Kon-Tiki« in Mode. Das ging so weit, dass man ihn für geeignet befand, Pizzerien, Reisebüros, Ferienresorts und Hotels so zu taufen. In meiner Gegend gab es sogar eine Diskothek, die danach benannt war. Anscheinend rief der Namensgeber, das Floß von Thor Heyerdahl, im abgestandenen Gemüt der tiefsten Provinz eine angenehme Mischung aus Exotik, Abenteuer und Flucht aus der Enge hervor. Dem norwegischen Entdecker zufolge war es den Inka oder ihren Vorfahren gelungen, ein paar pazifische Inseln zu besiedeln und sogar Handelsbeziehungen zu unterhalten, und so unternahm er den Versuch, seine Theorie zu bestätigen, indem er ihre ebenso hypothetischen wie abenteuerlichen Fahrten nachahmte. Heyerdahls Reise ist für lange Zeit ein möglicher, aber kein unumstößlicher Beweis geblieben: Sein Erfolg gewährleistete nicht, dass etwaigen prähistorischen Vorgängern tatsächlich dasselbe gelungen war.

Mehr als ein halbes Jahrhundert nach diesem Abenteuer verfügen wir über fortschrittlichere Technologie als ein Boot aus Balsaholz und Hanfseilen, um den möglichen Fährten zu folgen, die Kon-Tiki zu finden versuchte. Dank diverser Studien scheint es heute tatsächlich erwiesen, dass der Pazifik von mehr als einer kühnen Expedition in dieser oder jener Richtung überquert worden ist – und das in deutlich präkolumbischen Epochen. Auch sieht es sehr danach aus, als habe sich das nachhaltig auf die Ernährungsgewohnheiten und die Landwirtschaft auf den polynesischen Inseln ausgewirkt sowie auf die Tierhaltung in Südamerika (zum Beispiel hat jemand schon lange vor der Ankunft von Kolumbus Hühner aus dem Westen nach Chile gebracht).

Den letzten und elegantesten Nachweis hat *Ipomoea batatas*

geliefert, die Süßkartoffel, von der einige Hundert Varietäten bekannt sind, die sich durch unterschiedliche Formen, Dimensionen und Pigmentierung auszeichnen. Sie steht auch in Europa auf dem Speiseplan, wo sie darüber hinaus auch häufig in gläsernen Vasen gezüchtet wird, weil sie ohne großen Aufwand zum Keimen gebracht werden kann.

ICH WEISS, WER DU BIST

Den Namen »Süßkartoffel« hat *Ipomoea batatas* erhalten, weil ihre Wurzelknollen nach dem Kochen einen stärker gezuckerten Geschmack entfalten als gewöhnliche Kartoffeln, mit denen sie übrigens, von einem botanischen Standpunkt aus betrachtet, so gut wie nichts gemeinsam hat. Genauso wie *Solanum tuberosum* lässt sich die Süßkartoffel jedoch als Amerikanerin bezeichnen, weil ihre Domestizierung zur Kulturpflanze ungefähr zeitgleich in zwei getrennten Bereichen der Neuen Welt erfolgt ist: Unabhängig voneinander haben zwei Gruppen prähistorischer Landwirte eine Möglichkeit entdeckt, Süßkartoffeln bewusst anzubauen. So hat ihre Selektion begonnen, die nach und nach das Volumen der Knollen erhöht hat und damit auch ihre Essbarkeit und ihren Nährwehrt. Auf dem Gebiet des heutigen Mexiko entstand damals die als *Camote* bezeichnete Linie, während der andere Fall der Domestizierung in den Anden erfolgt ist und die als *Kumara* bekannt gewordene Linie begründet hat. Es gibt auch eine dritte Linie, *Batata* genannt, die wir den Spaniern verdanken und die durch eine intensive Selektion in der Karibik entstanden ist, nachdem die Neue Welt entdeckt worden war.

In Europa kennen wir hauptsächlich die »Nachfahren« von diesem Stamm, da sie später ganz massiv auch auf die Äcker des alten Kontinents gelangt sind. Ausgehend von natürlich entstandenen Arten, die sich in Erscheinungsbild und Merkmalen häufig stark von den heutigen Formen unterscheiden, führt jede Domestizierung zu Veränderungen im genetischen Material einer Spezies. Diese Vorgänge lassen sich durch Analysen der bestehenden Populationen nachverfolgen. Tatsächlich kann man diejenigen Anteile der DNA ausmachen, die von prähistorischen und jüngeren ackerbaulichen Entscheidungen modifiziert worden sind. Anders gesagt, lässt sich jede vom Menschen herbeigeführte und wahrnehmbare Veränderung der Merkmale einer Pflanze erkennen. Wenn die Untersuchung dann noch auf eine ausreichend große Zahl an Testobjekten ausgedehnt wird, kann man diese Vorgänge gewissermaßen sortieren, indem man die zeitliche Abfolge rekonstruiert und eine Art Stammbaum anlegt, mit Jahreszahlen und allem Drum und Dran. Ausgehend von den Spuren, die das menschliche Wirken in den Kulturpflanzen hinterlassen hat, lässt sich die gesamte Reise bis hin zu ihrem Ausgangspunkt nachverfolgen.

Vor und nach Kolumbus: Die Reisen der Süßkartoffel

Für die südamerikanische Süßkartoffel wurde eine solche genetische Chronologie rekonstruiert, indem auf zeitgenössische, aber auch auf viel ältere Proben zurückgegriffen wurde, zum Beispiel auf Herbarien, die James Cook während seiner ersten Erkundung

Ozeaniens im 18. Jahrhundert angelegt hat. Mit Hilfe des roten Fadens, den die genetischen Unterschiede ergeben haben, ließ sich eine Karte der Süßkartoffeln und ihrer menschengemachten Reisen rund um den Globus entwerfen. Die genetischen Analysen haben die Ursprünge der mittelamerikanischen Varietät *Batata* bestätigt, und auch ihre Überfahrt nach Europa im 16. Jahrhundert ließ sich nachverfolgen. Von hier aus wurde sie im 17. und 18. Jahrhundert, wieder an Bord spanischer und englischer Galeonen, in Richtung Indonesien verfrachtet.

Auch konnte festgestellt werden, dass die Linien der *Camote*-Gruppe im 16. Jahrhundert von Mexiko auf die Philippinen gebracht wurden, von wo aus sie sich über den gesamten Orient verteilt haben und schließlich auch nach Polynesien gelangten. Auf den pazifischen Archipelen wird der Süßkartoffelatlas jedoch um einiges komplexer. Zum einen, weil es historische Anhaltspunkte gibt, die nicht mit der von den Philippinen ausgehenden Verbreitung übereinstimmen, zum anderen, weil die Genetik eine eigene Geschichte erzählt: Nämlich dass ein Teil des genetischen Erbmaterials der Süßkartoffeln auf Neuguinea und anderen Inseln noch Spuren der *Kumara*-Linie enthält, die sich auch in den Proben nachweisen lässt, die James Cook Mitte des 18. Jahrhunderts gesammelt hat, sowie in anderen archäologischen Funden.

Die Verschränkung der Datierungen mit den genetischen Veränderungen veranschlagt die Ankunft von *Ipomoea batatas* auf den polynesischen Atollen, ausgehend von der Küste Perus, rund um das Jahr 1200. Mit anderen Worten: Gut drei Jahrhunderte bevor Kolumbus in der Neuen Welt von Bord gegangen ist, lange vor jedem Kontakt dieser Gegend mit Europa. Diese ersten peruanischen Varietäten wurden später durch die aus dem Norden oder aus dem Westen herandrängenden ersetzt (also den Nachfahren der *Camote* von den Philippinen beziehungsweise den leistungsstärkeren Nachfahren der *Batata*, die von den Engländern aus Europa mitgebracht wurden) oder mit ihnen gekreuzt, vermutlich weil diese einen anderen, besseren Ertrag versprachen.

PFLANZLICHE NATIONALISMEN

Diese wirklich interessanten Studien über eine Pflanze, die vom Menschen zu Ernährungs- und Dekorationszwecken angebaut wird, beschränken sich jedoch nicht darauf, bestimmte Daten offenzulegen. Sie regen vielmehr auch die eine oder andere zusätzliche Überlegung an, die Wissenschaft und Geschichte in unseren Alltag transportieren. Die »amerikanische« Süßkartoffel hat, wie alle Pflanzen, kein Vaterland. Pflanzen sind nicht patriotisch, so sehr wir Menschen sie auch für unsere billigen Nationalismen einspannen wollen. Wie alle anderen respektablen Gewächse gedeiht *Ipomoea batatas* überall dort, wo das Klima und der Boden es zulassen, ganz gleich, welche Flagge man in die Erde gerammt hat.

Pflanzen, vor allem jene, die aus Gründen des Anbaus auf die Unterstützung des Menschen zählen können, scheren sich keinen Deut um Grenzen, Kontinente und Inseln. Einem Lebewesen eine geopolitische Angehörigkeit zuzuweisen, ist eine unrechtmäßige Aneignungspraxis, die auf den Menschen und sein Bedürfnis zurückgeht, seine weniger edlen Eigenschaften in den Dienst von Symbolen und Bannern zu stellen. In Übereinstimmung damit haben sich die Menschen seit jeher selbst darin übertroffen, die Pflanzen, von denen sie sich einen Nutzen oder einen ästhetischen Genuss versprachen, von einer Seite des Globus auf die andere zu verfrachten.

Mit dem Ergebnis, dass die Globalisierung der in Gärten oder Blumentöpfen kultivierbaren Pflanzen seine Wurzeln viel tiefer in die Vergangenheit erstreckt, als man annehmen mag – das macht auch die zweifache Weltumrundung der Süßkartoffel deutlich. Jedes Mal, wenn sie irgendwo eintraf, sei es auf den Inseln Melanesiens, in der Karibik oder vor der Küste Afrikas, haben die prähistorischen und jüngeren Landwirte rasch erkannt, welche Vorzüge sie gegenüber den traditionellen Kulturpflanzen aufweist. In vielen Fällen, wie etwa in Polynesien, waren sie schnell bereit, ihre »eigenen« Süßkartoffeln, die sie selbst vor Ort gezüchtet hatten, durch jene zu ersetzen, die später von Fremden aus Europa mitgebracht wurden: Die Ernten waren besser und reichhaltiger. Vielleicht hilft dieses Beispiel ja dabei, ein wenig zum Nachdenken über die angeblich mangelnde Flexibilität traditioneller Kulturen anzuregen und auch über die Prozesse, die zur biologischen Vielfalt in der Landwirtschaft geführt haben, wie wir sie heute kennen.

Traditionelle, auf Landwirtschaft basierende Kulturen in vielen Teilen der Welt sind in Wahrheit, historisch betrachtet, viel dynamischer in ihren Entscheidungen und viel offener für Innovationen (zumindest solange diese einen greifbaren Vorteil bieten), als unsere heutige Vorstellungswelt uns glauben lassen möchte. Die polynesischen Bauern haben diese Pflanze in ihr landwirtschaftliches Repertoire aufgenommen und »fremde« Varianten akzeptiert. Sie haben jedwedes Vorurteil außen vor gelassen und ihre Entscheidung einzig und allein auf den nachgewiesenen Gewinn gestützt. Auf diese Weise konnten sie die Vielfalt ihrer Kulturpflanzen erhöhen: Die Varietäten, die wir heute als traditionell bezeichnen, sind das Ergebnis der Akzeptanz einer Innovation, die von außerhalb kam: an Bord eines Kon-Tiki.

Samen für die Bibliothek

Ich habe mir die Vielfalt der Pflanzen, die in Gemüsebeeten und Ziergärten angebaut werden, immer ein wenig wie Bücher vorgestellt, und ich denke auch jetzt noch jedes Mal daran, wenn ich die Kiste betrachte, in der ich die Tütchen mit den Sämereien aufbewahre. In beiden Fällen handelt es sich um Produkte des menschlichen Verstandes und seiner Kreativität, in Übereinstimmung mit kulturellen Tendenzen, momentanen Bedürfnissen, der geschmacklichen oder ästhetischen Mode. Bücher, Cultivare, Hybride und sogar Spezies, die für den Gartenbau, Ackerbau oder rein zur Zier vorgesehen sind, durchleben eine exponentiell verlaufende Erfolgsphase, sobald sie auf den Markt kommen, und werden in manchen Fällen zu unsterblichen Bestsellern, die jahrzehntelang im Angebot bleiben.

Die weniger Glücklichen fallen früher oder später dem Vergessen anheim, weil sich Geschmack und Bedürfnisse derjenigen gewandelt haben, die sie mit den Augen oder mit dem Gaumen verschlingen (oder sie im Boden und im Geiste hegen und pflegen). In besonderen Fällen werden sie hingegen zu Kultobjekten für einen kleinen Kreis von Bewunderern, die sich fernab aller kommerzieller Entwicklungen den Titel gegenseitig empfehlen und innerhalb ihres literarischen oder Sämereien tauschenden Zirkels weiterreichen, womit diese auf informelle Art und Weise für ein langes und erfolgreiches Fortbestehen sorgen.

Wenn ein Buch aus dem Katalog des Verlags verschwindet, kann ein hartnäckiger Interessent noch auf den Verkauf von Remittenden hoffen, sein Glück aber vor allem in Bibliotheken versuchen, in denen es wahrscheinlich ausgeliehen werden kann. Es gibt örtliche und nationale Bibliotheken, die Neugierigen und Gelehrten mit Büchern aushelfen können, und auch international bedeutende, wie die *British Library* in London oder die *Bibliothèque Nationale de France* in Paris, die so gut wie alles, was in der Welt veröffentlich wird, an einem Ort versammeln und für immer verwahren. Dort finden sich jedoch nicht nur Bücher, sondern auch Zeitschriften und Zeitungen und andere schriftliche Dokumente. Das ist mit ein Grund, weshalb wir nicht in Panik geraten, wenn ein Werk aus den Regalen des Buchhandels verschwindet, und weshalb wir nur selten den Rückgang der »Bibliodiversität« beklagen.

Saatbanken, auch Saatgutbibliotheken genannt, und die informellen Netzwerke der sogenannten *Seed Savers* (wörtlich: Samenretter) übernehmen für die landwirtschaftliche Biodiversität dieselbe Rolle wie öffentliche und private Bibliotheken und literarische Zirkel: Sie verwahren und erhalten die Samen der unendlichen, vom Menschen erarbeiteten Varietäten und stellen sie allen zur Verfügung, die sie benötigen. In diesem Zusammenhang sollte die Koexistenz von offiziellen und inoffiziellen Strukturen eigentlich keine Konflikte mit sich bringen, weil der kostengünstige Aktivismus der *Seed Savers* nicht zwingend einen Gegensatz zur hochgradig technologischen und institutionellen Herangehensweise der öffentlichen Saatbanken darstellt. Vor allem jedoch leisten sie einen Beitrag zur

Debatte, was eigentlich mit einem »Verlust der biologischen Vielfalt in der Landwirtschaft« gemeint ist: Nicht der Verlust kommerzieller Produkte für Verbraucher, sondern von unersetzbaren Ressourcen, die professionellen Landwirten und Hobbygärtnern gleichermaßen zugänglich sind.

Eine mögliche Zerstörung dieser Bibliothek für Sämereien sollte uns wirklich Angst machen, sei es durch Bürgerkriege und Aufstände (wie es unlängst in Ägypten und Syrien geschehen ist), sei es aufgrund von Gleichgültigkeit und mangelnder Finanzierung seitens der Institutionen, wie es immer wieder überall auf der Welt der Fall ist. Oder aber wegen der natürlichen Zerbrechlichkeit informeller Netzwerke, die allein von der häufig nur vorübergehenden Woge der Leidenschaft getragen werden.

||||||||||||||||||||||||||||||||||||||||||||||||||||||||||||||||||

TRANSGARTEN – PFLANZEN, DIE IHR GESCHLECHT WECHSELN

||||||||||||||||||||||||||||||||||||||||||||||||||||||||||||||||||

Wie jeder Garten, der etwas auf sich hält, stand auch der meines Großvaters Besuchern offen, vor allem im Winter, wenn es weniger zu tun gab. Hauptsächlich handelte es sich dabei um alte Freunde, die sich die Zeit vertreiben wollten und den ganzen Nachmittag über die unterschiedlichsten Dinge plauderten. Einer dieser Herren wiederholte dabei beharrlich den Ausspruch: »Pflanzen sind des Teufels.« Er war der Meinung, dass ihre Komplexität, ihre Unberechenbarkeit und die sich aus ihrem Mangel an Respekt für menschliche Wünsche und Werte unweigerlich ergebende Verärgerung nur mit dem Adjektiv *teuflisch* auf einen Nenner zu bringen waren.

Als Argument für seine These führte er das Beispiel eines männlichen *Ginkgo biloba* an, der mehr als 250 Jahre auf dem Buckel hatte und wegen seines eleganten gelben Schopfes in einem Park aufgestellt worden war. Dieser Ginkgo hatte nun an einem Punkt seines Lebens die Dreistigkeit besessen, sein Geschlecht zu wechseln. Er fing an, sich an einigen seiner Zweige wie ein weibliches Exemplar zu verhalten und die berühmt-berüchtigten und übelriechenden Samen zu produzieren, die der Schrecken eines jeden Gärtners sind. Nach der Aussage des Freundes stellte diese Verwandlung kein geringes Problem dar, vor allem für die Betreiber des Parks, da in zahlreichen Städten und Staaten Amerikas ein derartiges Wechselspiel ein ausreichender Grund gewesen wäre, um die Fällung des Transgender-Gewächses zu veranlassen – im Namen des Anstands. Nicht des moralischen Anstands, sondern des städtischen: Die Samen des Ginkgo werden in großen Mengen produziert, und wenn sie zu Boden fallen, stinken sie nach Erbrochenem und Aas. Sie sind darüber hinaus sehr glitschig und zerstören nicht nur das schöne Äußere der Parkanlagen, sondern auch die Sicherheit der Wege, weshalb zumindest dieses eine Mal die Männchen auf der Rangliste ästhetischer Wertschätzung besser abschneiden als die Damen.

Die Erklärung, die die beiden alten Herrn sich nach tiefgreifender Diskussion zurechtgelegt hatten, war recht einfach: Vielleicht handelte es sich um eine weibliche Pflanze, auf die vor weiß der Henker wie vielen Jahren eine männliche aufgepfropft worden war. Nach dieser Theorie hätten also ab einem gewissen Punkt die weiblichen Wurzeln es irgendwie geschafft, die Oberhand zu gewinnen und das Matriarchat wieder an die Macht zu bringen, als natürliche Rebellion gegen die Heimtücke chauvinistischer Ästhetik. Es gibt keine eindeutigen gegenteiligen Beweise, weshalb ihre Vermutungen womöglich richtig waren. Zumindest in Bezug auf diesen *Ginkgo biloba*.

BEZIEHUNGSSTATUS DER DIÖZISCHEN PFLANZE: ES IST KOMPLIZIERT.

Menschen und Pflanzen treiben es beide gerne auf seltsame Art und Weise, aber was die Vielfalt an Formen und Genera angeht, übertreffen unsere grünen Freunde selbst die Phantasievollsten unter uns. Eines steht zweifelsfrei fest: Sex ist für sie eine komplexe Angelegenheit, auch ohne den ganzen psychologischen, sozialen und kulturellen Überbau. Könnten sie ein Facebook-Profil für sich anlegen, hätten einige Pflanzen durchaus das Recht, als Beziehungsstatus »es ist kompliziert« anzugeben.

Beispielsweise können manche zum Verdruss meines Großvaters und seines Freundes ihr Geschlecht effektiv wechseln, ganz ohne das Treiben eines rebellischen Pfropfreises, und auch von selbst zu ihrem ursprünglichen Geschlecht zurückkehren. Das binomische Szenario vom Männchen und vom Weibchen, das in der Tierwelt vorherrscht (wenngleich natürlich auch da die Ausnahmen nicht fehlen dürfen), wird zunächst schon einmal dadurch weniger schwarz-weiß gezeichnet, als es im Pflanzenreich Arten gibt, bei denen männliche und weibliche Individuen getrennt sind (wie etwa Hanf, Ginkgo oder Pappel, die als *diözisch* bezeichnet werden – was recht wörtlich »mit zwei Häusern« bedeutet – und folglich eine gewisse Ähnlichkeit mit dem Menschen aufweisen); daneben findet man jedoch auch Arten, bei denen männliche und weibliche Blüten voneinander getrennt auf ein und demselben Exemplar existieren (*monözisch* genannt, einhäusig, etwa Mais).

Schließlich stößt man auch auf vollendete *Hermaphroditen*, also Zwitter, die »klassische« Blüten produzieren können, bei denen sich die männlichen und weiblichen Organe direkt nebeneinander in derselben Konstruktion befinden. Die Verwirrung wird jedoch größer, wenn man in einer einzigen Spezies männliche, weibliche und hermaphroditische Individuen antrifft, gemeinsam mit weiteren Exemplaren, auf deren Zweigen sich sowohl hermaphroditische als auch eingeschlechtliche Blüten befinden.

Nehmen wir als Beispiel ein Gewächs, das mein Großvater gerne anbaute und auch aß: die Melone. Bei dieser Art finden sich Pflanzen mit vielen männlichen und wenigen weiblichen, voneinander getrennten Blüten, Pflanzen mit vielen männlichen und der einen oder anderen hermaphroditischen Blüte, Pflanzen mit durch und durch hermaphroditischen Blüten und schließlich auch Pflanzen, die nur weibliche Blüten ausbilden. Nur rein männliche Blüten findet man nie. In bestimmten Fällen wird dieses Phänomen allerdings auf die Spitze getrieben, was den Abstand zum Menschen wieder sehr deutlich macht: Bei der Papaya wurden bis zu 31 unterschiedliche Geschlechtskombinationen festgestellt.

Die Situation ist derart verworren, dass es weise erscheint, zunächst einmal genau zu definieren, was wir unter einem Wechsel des Geschlechts bei Pflanzen verstehen. In diesem Fall handelt es sich um eine wahrnehmbare Veränderung: Dass nämlich ein einzelnes Exemplar in der Lage ist, im einen Jahr fruchtbaren Pollen zu produzieren und im nächsten fruchtbare Eier oder andersherum, ohne einen festgelegten Rhythmus. Diese Spezifizierung

männliche
Pflanze

weibliche
Pflanze

Diözisch
(zweihäusig)

Bisexuell
hermaphroditisch
(zwittrig)

Monözisch
(einhäusig)

Das Geschlecht der Pflanzen

ist notwendig, weil es bei einigen Pflanzen vorkommen kann, dass männliche und weibliche Blüten auf demselben Exemplar zu unterschiedlichen Zeitpunkten, aber in regelmäßiger Abfolge ausgebildet werden; jedes Jahr, mit gleichbleibenden Zeitabständen innerhalb derselben Frühjahr-Sommer-Phase, eine Art methodische Transsexualität, die wie ein Uhrwerk läuft und als *sequenzieller Hermaphroditismus* bezeichnet wird.

Der Pollenaustausch wird geradezu orgiastisch und zur Herausforderung für herkömmliche Moralvorstellungen, wenn man weitere Variablen einführt, wie die Fähigkeit mancher hermaphroditischer Blüten, sich selbst zu bestäuben, oder die merkwürdigen mechanischen, zeitlichen und räumlichen Balanceakte, mit denen viele Spezies versuchen, genau das zu vermeiden. Bei manchen Arten kommen beispielsweise Individuen vor, die nur dem Anschein nach Hermaphroditen sind und über gänzlich sterile Pollen verfügen, also nach außen hin bisexuell auftreten, aber, rein funktional betrachtet, weiblich sind.

Insgesamt ist das diözische System mit getrennten Weiblein und Männlein mehr oder weniger die gängige Praxis im Tierreich, bei den Pflanzen hingegen ist es etwas seltener. Dennoch ist es hier von besonderem Interesse, nicht nur weil wir ihm bei unserem *Ginkgo biloba* begegnet sind, sondern auch, weil es die meisten Pflanzenarten mit schwankendem Geschlecht beherbergt. Von allen Pflanzen erweisen sich etwa 7 % als diözisch. Zirka einhundert von diesen, recht wahllos verteilt, sind tatsächlich in der Lage, von einem Jahr auf das nächste spontan einen transsexuellen Wandel an den Tag zu legen. Innerhalb dieser ungemein heterogenen Gruppe erweist sich die Sexualität tatsächlich nicht als festes Charakteristikum, sondern als labil und selektiv: Es kann also geschehen, dass einzelne Exemplare ihr Leben männlich beginnen, dann aber ausschließlich weibliche Blüten produzieren (oder umgekehrt). Außerdem kann dieser Vorgang im Verlauf ihrer Existanz mehrfach wiederholt werden, in beide Richtungen, und bisweilen sogar mit einer hermaphroditischen Übergangsphase dazwischen. Anders gesagt, sind diejenigen Arten, die es gerne experimentell mögen, potenziell bisexuell und bilden unterschiedliche Geschlechter aus, je nachdem, welche Lebensumstände gerade an ihrem Standort vorherrschen.

Die Vorstellung, dass das Geschlecht eines Individuums für die gesamte Dauer seiner Existenz festgelegt sei und nur von der jeweiligen Ausstattung mit bestimmten Chromosomen abhänge, ist, zumindest bei dieser speziellen Gruppe von Pflanzen, eher ein Vorschlag als eine Tatsache. Denn neben der Genetik spielt auch die Notwendigkeit eine massive Rolle, sich an die tatsächlichen Wachstumsverhältnisse mit ihren jeweiligen Möglichkeiten und Einschränkungen anzupassen.

Pflanzen mit einem komplizierten Beziehungsstatus haben, kurz gesagt, in ihren Genen das Potenzial, ein männliches oder weibliches Geschlecht auszubilden oder als Hermaphrodit zu existieren. Darüber entscheiden ganz bestimmte Umweltbedingungen, die beeinflussen, welche Art Geschlechtsapparat von Mal zu Mal angelegt werden muss. Vielleicht ist in diesem Fall – das gilt einzig und allein für diese spezielle ökologische Nische von Pflanzen mit schwankender Sexualität – der Einfluss der Umwelt so groß, dass man bei diesen Pflanzen von einem Unterschied zwischen Geschlecht und Gender sprechen könnte. Dieses pflanzliche Phänomen stellt also kein verfemtes Laster dar, sondern im Gegenteil eine natürliche Option, die ins Spiel gebracht werden kann, um die Überlebenschancen zu erhöhen.

WANKELMÜTIGE BLÜTENBLÄTTER

Hinter diesem pflanzlichen Wechselspiel verbirgt sich die Suche nach dem wandelbaren Zustand, der den größten Vorteil in Bezug auf die Fortpflanzungswahrscheinlichkeit bietet und damit der Nachkommenschaft ermöglicht, zu wachsen und zu gedeihen: Weiblich oder männlich zu sein, bringt nämlich jeweils verschiedene Lebenshaltungskosten mit sich, und je nach Verfügbarkeit der Ressourcen kann es günstiger sein, dieses Geschlecht anzunehmen als jenes.

Arisaema triphyllum, der dreiblättrige Feuerkolben, handhabt es beispielsweise so. Es handelt sich dabei um eine schon auf den ersten Blick mephistophelische Pflanze: Ihre große Blüte ist von einer ausladenden Haube mit veilchenblauen Streifen bedeckt, die sich hinabwölbt und dem ganzen Gewächs etwas Finsteres verleiht. Dennoch wird sie manchmal als Zierpflanze verwendet. Ihren ganzen luziferischen Wankelmut bringt sie sehr gezielt über ihre Sexualität zum Ausdruck. Denn obwohl sie sich im Grunde verhält wie jede andere diözische Pflanze und entweder nur männliche oder ausschließlich weibliche Blüten hervorbringt, kann deren Geschlecht von Jahr zu Jahr variieren, in einer Art unregelmäßigem und langfristig flexiblem Hermaphroditismus. Um den Mechanismus dahinter zu begreifen, muss man die Pflanze entwurzeln und von unten betrachten. Man hält nun den unterirdischen Strunk in Händen, in dem sie Substanzen auf Vorrat einlagert und aus dem sich jedes Jahr der oberirdische Teil entwickelt, der nach dem Herbst abgeworfen wird. Im Frühling jeden Jahres wird der gesamte grüne Teil neu ausgebildet und dabei auch neu programmiert. Das betrifft die Ausbildung des Geschlechts und bietet der Pflanze eine weitere Möglichkeit, sich an die Unwägbarkeiten des Lebens anzupassen. Die Beweggründe hinter dieser Flexibilität wurden mit Hilfe einiger Experimente erklärt, in denen der unterirdische Teil weiblicher *Arisaema*-Exemplare nach und nach entfernt wurde. Die Pflanzen haben auf diese Verletzung reagiert, indem sie bei nur geringfügiger Beschädigung neben den weiblichen auch zusätzlich männliche Blüten ausgebildet haben; bei größeren Schäden haben sie sich auf männliche Blüten beschränkt, bis schließlich, bei noch ausgedehnterer Entfernung von Material, die Blütenbildung ganz ausgeblieben ist. In den darauffolgenden Jahren haben die Pflanzen die Schäden nach und nach durch erneute Einlagerung von Ressourcen in der Wurzel ausgeglichen und sind schließlich wieder gänzlich zu weiblichen Blüten zurückgekehrt, indem sie den umgekehrten Weg gegangen sind: Zunächst nur männliche Blüten, dann männliche und weibliche nebeneinander und letztlich, als sie ihre Kräfte wieder beisammen hatten, nur noch weibliche. Jedes Exemplar von *Arisaema triphyllum* erweist sich folglich als potenziell männlich und weiblich gleichermaßen und wählt von Jahr zu Jahr diejenige Version ihres Geschlechts, die gerade die besten Chancen auf Reproduktion verspricht.

Der Verlust an Reserven, den die Experimente simuliert haben, entspricht tatsächlich dem Resultat eines ungünstigen Jahres, in dem die Exemplare keine Gelegenheit hatten, genügend Stärke aus der Photosynthese zu gewinnen. Bei Pflanzen, die in Wäldern wachsen, aber auch bei denen, die in Gärten oder Gewächshäusern gezüchtet werden, kann man denselben Verlauf beobachten: Ist das Jahr gut und gedeihen die Pflanzen, werden von den männlichen einige im darauffolgenden Jahr ihr Geschlecht wechseln; läuft es hingegen eher mies, werden einige von den weiblichen im nächsten Frühjahr als männliche Exemplare aus dem Boden schießen. Selbst ein Überschuss an Kohlendioxid in der Atmosphäre (das für die Pflanzen schließlich einen Nährstoff darstellt) kann den Übergang zum weiblichen Geschlecht begünstigen.

Wie immer hält die Natur jedoch auch einige Ausnahmen bereit, die den vom Menschen aufgestellten Thesen zu widersprechen scheinen und gleichzeitig für den unbeschreiblich teuflischen Charakter der Pflanzen sprechen könnten. In einem japanischen Ahornwäldchen (*Acer rufinerve*) wurde nämlich eine gewisse Neigung zur Transsexualität festgestellt, die augenscheinlich entgegengesetzt zu der eben beschriebenen verläuft: Nicht Bäume auf der Höhe ihrer Kraft verwandeln sich vornehmlich in weibliche Exemplare, sondern kranke oder aufgrund fortgeschrittenen Alters bald sterbende Pflanzen. Es wird vermutet, dass so der Nachkommenschaft ein Standort hinterlassen werden soll, der sich für das scheidende Exemplar lange Zeit als vorteilhaft erwiesen hat.

Außerdem sind Pflanzen ihrem Lebensraum ausgeliefert, entweder sie können dort gedeihen oder sie vegetieren vor sich hin. Sie können auf ihren Standort eigentlich nur Einfluss nehmen, indem sie ihn in Form von Pollen oder Samen verlassen, weshalb eine geschlechtliche Flexibilität in bestimmten Fällen zu einem bedeutenden Vorteil werden kann, zu einer Anpassung, die langfristige ökonomische Auswirkungen haben kann. Beispielsweise kann die Transsexualität erfolgreich angewandt werden, wenn der Lebensraum uneinheitlich und stark zergliedert ist, mit großen Schwankungen zwischen den einzelnen Bereichen. Man muss sich die Unterschiede nicht direkt so drastisch vorstellen wie zwischen Himmel und Hölle – es genügt schon, dass es hier schattiger ist als dort.

Einige amerikanische Orchideen der Gattung *Catasetes* und *Cycnoches*, aber auch der gewöhnliche Schachtelhalm (*Equisetum*), der am Rande von Gräben und Kornfeldern gedeiht, machen genau dieses Spielchen: Sie verhalten sich wie Hermaphroditen oder wie diözische Pflanzen, und in letzterem Fall wechseln sie häufig das Geschlecht. Für sie ist insbesondere das Licht eine kritische Variable: Männliche Exemplare, die von einem schattigen Standort an einen sonnigen bewegt werden, machen sich bald da-

ran, auch weibliche oder sogar nur noch weibliche Blüten auszubilden. Selbst in einem natürlichen Umfeld weisen die Exemplare
von *Catasetes* und *Equisetum* eine spontane Transsexualität auf.
Diejenigen, die in Wäldern wachsen, sind folglich auch hauptsächlich männlich, aber sie werden zu weiblichen Pflanzen, wenn
beispielsweise ein Baum umfällt und Lichtungen entstehen und sie
dadurch mehr Sonne abbekommen.

Möchte man eine generelle Tendenz aufstellen, könnte man sagen, dass die Rolle des Lebensraums unter dem Gesichtspunkt
des Wohlbefindens zusammengefasst werden kann: Bei günstigen
Verhältnissen bildet sich ein höherer Anteil an weiblichen Pflanzen, um einen Zuwachs der Population im entsprechenden Bereich herbeizuführen. Lässt man die Pfropf-Theorie einmal bei-
seite, könnte doch vielleicht auch der teuflische Ginkgo vom Anfang des Kapitels entschieden haben, weiblich zu werden, schlicht
aus dem Grund, dass er bzw. sie sich in dem Park besonders wohl
gefühlt hat.

Der Prozentsatz an Exemplaren, die innerhalb dieser Arten ihr
Geschlecht wechseln, ist beachtlich. In einem Wacholderwald,
beispielsweise, liegt der Anteil an Gewächsen, die in einem Zeitraum von fünf Jahren eine Geschlechtsumwandlung durchlaufen,
zwischen 7 und 25 %; in einer Population von *Panax trifolius*,
dem Zwergginseng, können hingegen innerhalb eines Jahres mehr
als 35 % von eingeschlechtlichen zu hermaphroditischen Pflanzen
werden, ein Prozentsatz, der sich in vier Jahren auf 83 % erhöht,
wobei über die Hälfte mehr als einen Geschlechtswechsel voll-
zieht.

Die verwandlungsfreudigsten Gesellen gehören jedoch zur Gattung der Melden (*Atriplex*), einem Unkraut, das mein Großvater
mich immer ausrufen ließ. Bei diesen Pflanzen ist es die Belastung durch Umwelteinflüsse, die das Zünglein an der Waage mal
zu diesem, mal zu jenem Geschlecht ausschlagen lassen. Stehen
die Dinge einmal schlecht, wenn es etwa an Wasser, Nährstoffen
und Licht mangelt oder die Temperatur zu hoch oder zu niedrig
ist, bilden die weiblichen Exemplare im nächsten Jahr umgehend

männliche Blüten aus. Diese Strategie bietet einen zusätzlichen Vorteil, der mit dem Streben nach einem besseren Leben zusammenhängt: Der Pollen ist in der Lage, auch weibliche Blüten zu erreichen, die weit von dem Ort entfernt sind, an dem das Leben so schwierig geworden ist. Eine größere Anzahl männlicher Exemplare begünstigt folglich die Migration hin zu neuen Ufern, an denen es der Nachkommenschaft potenziell besser ergehen wird.

AUF DIE GRÖSSE KOMMT ES AN

Solche Phänomene entdeckt man nicht sofort, weil das Wachstum der Pflanzen langsam erfolgt. Einige tropische Lianen, wie die der Gattung *Gurania* und *Psiguria* (die sehr exotisch anmuten, aber im Grunde Verwandte der Gurke sind), musste man mehr als 15 Jahre lang beobachten, bevor man sie annähernd durchschaut hatte. Lange Zeit dachte man nämlich, dass bei diesen Arten männliche und weibliche Exemplare getrennt voneinander existierten, da sie sich Beobachtern im Dschungel stets so präsentierten. Dann fand man heraus, dass diese Lianen in ihren ersten Lebensjahren immer und ausschließlich männlich sind. Vor allem ab dem zehnten Lebensjahr, wenn der Stamm einen gewissen Durchmesser erreicht hat oder wenn die Pflanzen mit liebevoller Aufmerksamkeit in einem Gewächshaus großgezogen und gemästet werden, beginnen sie, gleichzeitig auch weibliche Blüten auszubilden und verhalten sich nicht länger wie die diözischen Pflanzen, für die man sie hielt, sondern wie monözische. Wandeln sich die Umstände wieder zum Schlechteren, und sei es nur ein klein wenig, kehren die Lianen zur vorherrschenden Männlichkeit zurück.

In anderen Fällen betrifft der Wandel Exemplare, die nicht mehr ganz jung sind, wie etwa der langlebige Eiben-Herr der Gattung *Taxus baccata*, der unlängst im schottischen Fortingall begonnen hat, an seinen Zweigen die schönen roten Samenmäntel auszubilden, die typisch sind für weibliche Pflanzen – im stattlichen Alter von 3000 Jahren.

Diese Verbindung zwischen Alter und Geschlecht hat über lange Zeit die Theorie genährt, es gebe eine Art transsexuelle Chronologie, die einige Spezies dazu bringt, in den Jugendphasen ein männliches Geschlecht auszubilden und ab einem gewissen Alter ein weibliches. Erst später hat man durchschaut, dass es keine Frage des Geburtsjahres war, sondern der Größe, also des Wohlbefindens. Die sexuelle Labilität bestimmter Spezies ist auch nachgewiesen worden, indem man weibliche Exemplare geklont hat – mit dem erwarteten Ergebnis: Jeder Klon hat sich geschlechtlich umprogrammiert und wurde anfangs männlich, bevor er sich ab einem gewissen Punkt weiblich verhalten hat, in Abhängigkeit vom jeweiligen Lebensraum. Das ließ sich beispielsweise an einigen Stecklingen von *Amborella trichopoda* beobachten, einer polynesischen Pflanze, die zu den ältesten blühenden Pflanzen zählt, die sich bis heute in der freien Natur finden lassen. Unabhängig vom Geschlecht der Ausgangspflanze können ihre frisch angewachsenen Stecklinge zunächst ausschließlich männliche Blüten ausbilden. Erst nach zwei bis drei Jahren Wachstum verwandeln sich einige davon in weibliche Exemplare.

Es wird also deutlich, dass es auch beim Geschlecht der Pflanzen auf die Größe ankommt. Die Komplikationen des wandelbaren Geschlechts erstrecken sich auch auf Bäume, wobei ein weiteres Element des Unterschieds zwischen Pflanzen und Tieren ins Spiel kommt, nämlich eine modulare Autonomie. In Ermangelung eines zentralen Systems, in dem die wahrgenommenen Außenreize verarbeitet werden, haben sich in unseren grünen Freunden lokale Reaktionsmechanismen entwickelt, die sich auch auf die Sexualität auswirken. Zum Beispiel können sich bei einigen Bäumen einzelne weibliche Äste an ansonsten männlichen Exemplaren ausbilden, ohne dass man zuvor ein anderes Geschlecht aufgepfropft hätte – wie es im Ahornwald des japanischen *Acer rufinerve* festgestellt werden konnte, im ebenfalls bereits erwähnten uralten schottischen Exemplar von *Taxus baccata* und, wer weiß, vielleicht sogar im *Ginkgo biloba*, mit dem alles seinen Anfang genommen hat.

Das Matriarchat der Farne

Lygodium japonicum ist eines jener Binome – ein zweiteiliger Pflanzenname –, das auf den ersten Blick nicht viel verrät, außer irgendeine Verbindung mit Japan nahezulegen. Würden wir diese Pflanze jedoch bitten, uns ihre allgemeinen Merkmale aufzusagen, und würden wir einen Blick in ihre botanische Polizeiakte werfen, könnten wir entdecken, dass es sich um einen asiatischen Farn handelt, der als Zierpflanze nach Europa und Nordamerika gebracht wurde und häufig aus den Gärten ausgebrochen ist. So wurde er zu einem gesetzlosen Unkraut, das aufgrund seiner Konkurrenzfähigkeit heimischen Pflanzen gegenüber nicht länger erwünscht war.

Farne sind, verglichen mit blühenden Pflanzen, primitive Gesellen, was aber absolut nicht bedeutet, dass sie unfähig wären, sich in bestimmten Bereichen durchzusetzen. Ihr Fortpflanzungsmechanismus ist vollkommen unauffällig, und sie produzieren keine Samen, sondern Sporen; für ihre amourösen Kontakte sind sie auf Feuchtigkeit angewiesen; sie haben einen anderen Lebenszyklus, der es leichter macht, den umliegenden Raum zu erobern, und sie sind nicht sehr geschickt darin, in weiter entfernte Bereiche vorzudringen.

Lassen sie sich jedoch an einem geeigneten Ort nieder, breiten sie sich nach und nach aus, indem sie kleine Kolonien in Wäldern und feuchten Felsspalten bilden. Die matriarchalische Ausrichtung der Sexualität des *Lygodium* und anderer Farne spielt eine wichtige Rolle dabei, diese Ausbreitungsprozesse zu optimieren. Sie gestattet es nämlich, die jeweils profitabelste Entscheidung nicht in Abhängigkeit von den verfügbaren Ressourcen zu treffen, sondern basierend auf dem Typus von Gemeinschaft, der im Entstehen begriffen ist. Wenn ein Farn das Licht der Welt beispielsweise im Unterholz erblickt, kann es sich dabei um ein männliches, ein weibliches oder ein hermaphroditisches Exemplar handeln. Sofern keine Gefährten in der Nähe sind, tritt tatsächlich am häufigsten letztere Variante auf, also ein Zwitter, weil sich die Pflanze für den Weg des *do-it-yourself* entscheidet und sich mit der am wenigsten ertragreichen, dafür aber sicheren Option zufriedengibt, sich

195

selbst zu befruchten. Wenn man alles in derartiger Heimarbeit erledigt, muss man einen langfristig weniger vielversprechenden genetischen »Remix« als Nebenwirkung in Kauf nehmen, der die biologische Vielfalt innerhalb der Population einschränkt. Wichtiger ist in diesem Fall jedoch, dass man das rein zahlenmäßige Wachstum der Kolonie sicherstellt.

Nimmt unser frisch geschlüpfter Farn jedoch wahr, dass er Gesellschaft hat, sieht die Sache ganz anders aus. Sind mögliche Geschlechtspartner gewährleistet, gewinnt nämlich die Notwendigkeit Oberhand, dafür zu sorgen, dass es sich auch um die richtige Gesellschaft handelt: Ein Farn, der nicht isoliert von seinesgleichen wächst, neigt dazu, nach einem genau bestimmten Schema männlich oder weiblich zu werden, mit dessen Hilfe die umliegenden Farndamen das Geschlecht der Nachbarschaft beherrschen. Die ersten weiblichen Exemplare von *Lygodium*, die innerhalb einer Gemeinschaft wachsen, beginnen sofort, ein Hormon aus der Klasse der *Gibberelline* in den Boden abzugeben. Dieses Hormon ist so modifiziert, dass es eine höhere Wasserlöslichkeit aufweist und daher leichter von den feinen Wurzeln jüngerer Farne aufgesogen werden kann, die in der Nähe wachsen. Sobald die anderen Pflänzchen diese Substanz aufgenommen haben, wird sie wieder in ihre ursprüngliche Form umgewandelt, die für diverse lebenswichtige Vorgänge verantwortlich ist: unter anderem auch die Bestimmung des Geschlechts im frühen Stadium der Pflanze. Genauer gesagt, »zwingt« dieser Stoff die umliegenden Pflanzen dazu, männlich zu werden.

Die erste weibliche Pflanze führt ihre Nachbarn also, ohne ein Widerwort zu dulden, in ihren männlichen Harem ein. Bereits ausgewachsene Farne werden davon jedoch nicht beeinflusst, weil die Enzyme, mit denen das aus dem Boden aufgenommene, modifizierte Gibberellin umgewandelt wird, mit dem Wachstum verschwinden. Indem sie der Nachbarschaft das männliche Geschlecht vorschreibt, erhöht die junge Farndame die Wahrscheinlichkeit, sich auf die bestmögliche Art und Weise fortpflanzen zu können, ganz massiv – und gibt uns so zu erkennen, dass die Bezeichnung »das schwache Geschlecht« nirgendwo zutrifft, auch nicht im Pflanzenreich.

SMOG – VON EINEM BALKON AUS BETRACHTET

Mein Balkon, der in die vielarmige graue Metropole hinausragt, bietet einem Rosmarinstrauch hoch über der Stadt Zuflucht. Es ist ein hartnäckiges Exemplar und stammt ursprünglich von einer ausgewilderten Pflanze, die ebenso hartgesotten und zäh ist und die ich in der Nähe eines verlassenen Hauses entdeckt habe. Ich freue mich, dass seine angeborene Widerspenstigkeit es ihm zu ermöglichen scheint, trotz Mauern, Smog, Zement, Halbschatten und der wenigen Pflege, die ich ihm angedeihen lasse, durchzuhalten.

Während ich eine kleine Erkundungsrunde auf dem Balkon drehe, sehe ich, dass der Strauch diesen milden Winter genießt. Ich stelle mir diesen einen Moment der Zärtlichkeit im Frühling vor, wenn er sich ganz in Blüten kleidet, für sein exklusives und alljährliches Zugeständnis an die Geselligkeit: den Besuch einer Biene. Während der Blüte lockert mein ansonsten bärbeißiger Rosmarin seine Krawatte ein wenig und kredenzt so ziemlich jeden Tag sein ganzes Arsenal der Gastlichkeit: Farben, Düfte, Nektar und Pollen. Für eine einzelne Biene. Ich habe sie aufmerksam beobachtet und bin mir sicher: Im vergangenen Jahr war es immer dieselbe. Sie kommt regelmäßig gegen elf Uhr vormittags und plündert nicht ohne Mühe methodisch eine Blüte nach der anderen, bevor sie sich auf der Suche nach weiteren duftenden Landeplätzen im urbanen Meer davonmacht.

Den ganzen Frühling lang habe ich sie durch das Fenster beobachtet und mich gefragt, woher sie wohl kommt und wie lange sie unterwegs ist, um diese tägliche Verabredung einzuhalten. Wenngleich die nahegelegene Kirche dem Schutzpatron der Imker geweiht ist, dem heiligen Ambrosius, scheinen mir doch die Peripherie und das Zentrum der Stadt äußerst arm an Bienenstöcken. Daher glaube ich, dass diese Biene meinen Rosmarin erst nach langem und mühevollem Kundschaften entdeckt hat. Womöglich habe ich aber auch einen Nachbarn, der sich dem *urban beekeeping*, also der Imkerei in der Stadt, hingegeben hat und auf dessen Dach der eine oder andere Bienenstock steht. Der Gedanke erfüllt mich mit Bewunderung, sowohl für den Nachbarn als auch für die Bienen, die sich durch einen Lebensraum aus Wohnblocks, Straßen und Plätzen wühlen müssen und der sich doch deutlich von den Bäumen, Pfaden und Lichtungen unterscheidet, die ihnen von Natur aus zustehen.

In der merkwürdigen Stille eines nebelverhangenen Wintertages ohne Verkehr, ohne Blumen und ohne Insekten stehe ich also hier und denke darüber nach, wie eine Biene einen Rosmarinstrauch entdecken und jeden Tag aufs Neue wiederfinden kann, einen einzelnen, kleinen Strauch inmitten all dieser Wohnhäuser, über für eine Biene galaktische Distanzen hinweg. Wie schafft sie es, diese Pflanze inmitten eines Labyrinths aus Farben und Formen aufzustöbern, die ihr unnatürlich erscheinen müssen, aber vor allem auch in einer geradezu babylonischen Geruchsverwirrung, die nichts mit den Düften gemein haben kann, mit deren Hilfe sie sich üblicherweise ihren Weg bahnt? Und wo wir gerade dabei sind: Mit dieser Smogglocke, die bedrohlich über der ganzen Gegend hängt – wird die tapfere urbane Biene auch im kommenden Frühjahr meinen Rosmarin besuchen kommen?

DU RIECHST SO GUT …

Die Abmachung zwischen Blüten und Bestäubern ist wahrscheinlich jedermann klar: Blüten ziehen die Bestäuber mittels einer Mischung aus flüchtigen und bunten Substanzen an, und die Bestäuber helfen ihnen bei der Befruchtung. Allgemein gesprochen, ist der Duft dazu da, auch aus großer Entfernungen auffindbar zu sein und aus der Nähe diejenigen Blüten ausmachen zu können, die den meisten Nektar enthalten. Die Farbpigmente erleichtern hingegen den Landevorgang. Alles ist ganz auf Effizienz und Kostenminimierung ausgelegt: Je besser das Verhältnis von Kosten zu Ertrag, also von Aufwand zu Nektar ist, desto größer ist die Wahrscheinlichkeit, dass das Insekt tut, was die Pflanze möchte. Der Schlüssel zu diesem Verhältnis liegt im Duft der Blüte, einer Mischung aus Dutzenden Stoffen, deren Verflüchtigung mit der Menge an verfügbarem Nektar zusammenhängt. Die Wahrnehmung des Bestäubers wandelt den Duft gewissermaßen in ein Bild um, das die Freigiebigkeit und Reichhaltigkeit seiner Quelle widerspiegelt. Dieses Bild wird in der Erinnerung gespeichert und – beispielsweise bei Bienen – an die Arbeitskolleginnen weitergegeben, damit diese die Blüten mit dem größten Nektarangebot leichter finden können.

Es ist auch bekannt, dass minimale Fluktuationen im Duftgemisch ausreichen, um die Insekten zu verwirren und zu einer empfindlichen Störung bei der effizienten Übermittlung der Nachricht zu führen. Insekten erkennen und speichern das olfaktorische Signal wie eine Art Bild, sie nehmen also nicht die einzelnen Bestandteile wahr, sondern das Gesamtwerk. Für eine Biene ist die Reise zur Blüte eine Art Geschicklichkeitsparcours, ein Hindernislauf, bei dem der Duft der Blüte als Navigationssystem dient: Er hilft, einen entsprechenden Kurs festzulegen, und verströmt ein konstantes Locksignal in der Luft.

Das menschliche Auge kann es nicht erkennen, aber jede Blüte, die nach Bestäubern Ausschau hält, verströmt regelrecht Säulen duftenden Gases in der Luft, wohlriechende Versionen der weniger angenehmen Rauchfahnen, die aus Kaminen oder von Zigaretten aufsteigen. Die Insekten nehmen ihrerseits Gerüche über olfaktorische Rezeptoren an äußerst empfindlichen Antennen wahr: In manchen Fällen reicht es schon aus, dass sechs Moleküle sich darauf niederlassen, um dem Tierchen ein verwertbares Signal zu liefern, und das wiederum ermöglicht es Bienen, Hummeln,

Schmetterlingen und Käfern, solche Signale auch über mehrere Hundert Meter hinweg wahrzunehmen, bei idealen Bedingungen womöglich auch über die Distanz von einem Kilometer. Mit einiger Wahrscheinlichkeit ist meine Rosmarinbiene im grauen Himmel der Stadt auf eine solche Rauchfahne gestoßen und hat sie wie ein Spürhund zurückverfolgt bis zu meinem Balkon. Ich betrachte die dünnen Nebelschleier, die an den Dächern hängen, und den Ruß, der sich auf dem Topf des Rosmarins niedergelassen hat und verhindert, dass ich ihn bedenkenlos als Gewürz in der Küche verwende. Ich denke an die Möglichkeit, dass eines der Hindernisse auf ihrer Reise auch der Smog sein muss, der in diesen Tagen den Autoverkehr lahmgelegt und als neues Mode-Accessoire bei zahlreichen meiner Mitbürger die kleinen weißen Atemmasken hervorgezaubert hat.

Wenn dem tatsächlich so wäre, würde schon eine geringe Überdeckung des olfaktorischen Signals zu Komplikationen für beide Teilnehmer dieser Unterhaltung führen. Die Biene müsste sich deutlich stärker ins Zeug legen, dafür mehr Energie aufbringen und würde einen negativen Saldo zwischen verausgabter Energie und gesammeltem Zucker nach Hause bringen – weil sie länger umherfliegen muss, bis sie wieder genug duftendes Netz hat, um den Anruf des Rosmarins empfangen zu können. Außerdem würde die Erinnerung an den zurückgelegten Weg verblassen, da die Lockspuren Veränderungen unterworfen sind.

Nicht zuletzt bliebe auch die Fähigkeit des Insekts auf der Strecke, ein Signal (das olfaktorische Bild) mit einem positiven Ereignis (dem Auffinden von Nektar) in Verbindung zu bringen, was wiederum verhindert, dass es anderen Bienen übermitteln kann, wo sich die besten Erntegebiete befinden, und so müsste der gesamte Bienenstock härter arbeiten. Für den Rosmarin (und alle anderen Pflanzen) würde hingegen die Wahrscheinlichkeit sinken, sich fortpflanzen und Früchte ausbilden zu können. Das gilt vor allem für Gewächse, die weit voneinander entfernt sind – und gerade bei diesen Fernbeziehungen ergeben sich die wertvollsten genetischen Kombinationen für die biologische Vielfalt der Spezies.

Leider ist das Hypothetische an den vorangegangenen Sätzen längst nicht mehr reine Gedankenspielerei, was heißen soll, dass Smog tatsächlich eine drastische Interferenz bei der Blüten-Insekt-Kommunikation darstellt. Ein beträchtlicher Anteil der flüchtigen Substanzen, die Blüten verströmen, wird davon effektiv abgebaut, was ihren Zweck zunichtemacht. Es ist nicht nur eine Frage der Überdeckung, also von misstönenden olfaktorischen Stimmen, die sich überlagern und vermengen und die umherstreifenden Bestäuber verwirren. Der Duft der Blume wird nicht vom Geruch der Abgase von Autos, Öfen und Boilern verdeckt wie ein dünnes Stimmchen von dröhnendem Grollen. Vielmehr erleidet er einen tatsächlichen, unwiederbringlichen Verfall.

Chemische Reaktionen laufen schließlich nicht nur in abgeschlossenen Laboratorien ab, wo bunte Flüssigkeiten gemischt werden und sich farbenfrohe Salze in Glasbehältern auflösen, sondern auch zwischen gasförmigen Stoffen, die in unserer Atemluft schweben und von den Bestäubern »beschnüffelt« werden. Anhand von Untersuchungen konnte festgestellt werden, dass einige der am weitesten verbreiteten chemischen Bestandteile pflanzlicher Düfte vollkommen abgebaut werden, wenn sie mit zwei bestimmten Komponenten des landläufigen Smogs in Kontakt kommen, nämlich mit Stickoxiden (NO_x) und mit Ozon. Sie verschwinden dadurch spurlos aus dem Duftgemisch. Etwa zwei Drittel der Pflanzen, die Insekten für die Bestäubung anheuern, verwenden für ihren Lockruf chemische Stoffe namens β-Ocimen, Myrcen, β-Caryophyllen, Linalool und Terpinen. Diese Substanzen werden in den unterschiedlichsten Verhältnissen mit Hunderten anderen Stoffen unterschiedlichster Art vermischt, beispielsweise mit Phenylacetaldehyd. Rund die Hälfte dieser Substanzen verschwindet oder nimmt empfindlich ab, sobald sie mit den Abgasen eines Diesel-Motors in Kontakt kommen. Ein so wichtiger Stoff wie Farnesen ist gar nicht mehr nachweisbar, wenn er nur eine Minute den schädlichen Einflüssen ausgesetzt ist.

Es liegen einige Studien vor, die an verschiedenen Blüten und Insekten (Löwenmäulchen, Kohl, Käfer, Bienen) unter Laborbe-

Duft dient zur Orientierung aus der Ferne. Farben helfen beim Ansteuern einer Blüte aus der Nähe

Aufgrund der starken Zerstückelung und weitläufigen Verteilung von Lebensräumen im Stadtgebiet müssen Bestäuber häufig lange Strecken zurücklegen

Bestäuber in der großen Stadt

dingungen und auf freiem Feld durchgeführt wurden, die einige Dutzend der häufigsten Bestandteile des Duftbouquets unter die Lupe genommen und die Auswirkungen bestimmter Smog-Komponenten ausgewertet haben. Die Ergebnisse bestätigen, dass sowohl stickstoffhaltige Verbrennungsrückstände als auch Ozon in nur wenigen Sekunden die flüchtigen Stoffe abbauen und damit die Blüten für zahlreiche bestäubende Insekten unkenntlich machen. Statt sich also auf die Blüten zu stürzen, die sie nicht »riechen« können, fliegen die Insekten auf der Suche nach Nektar beziehungsweise nach entsprechenden anderen Signalen weiter und legen viel größere Strecken zurück. Dabei verausgaben sie mehr Energie, als sie durch den Nektar der Blüte gewinnen.

UNTERWEGS GING ETWAS VERLOREN

Bisher hat niemand die Auswirkungen von PM_{10} und $PM_{2,5}$ direkt getestet, dem Feinstaub, der in den Wintermonaten häufig durch die urbane Atmosphäre und die Nachrichten wirbelt. Eine der Ursachen für diese Lücke ist streng biologisch. Die Biene, die meinen Stadtrosmarin besucht, ist in diesen kalten Tagen gut geschützt in ihrem Bienenstock aufgehoben, und wenn alles gut geht, wird sie ihn auch bis zum Frühling nicht verlassen, bis Regen und Wind zumindest die Symptome des Wintersmogproblems bekämpft haben werden. Anders gesagt, werden weder die Biene noch der Duft des Rosmarins groß von der Verschmutzung betroffen sein, die der atmosphärische Feinstaub aus Autos, Öfen, Fabriken und Heizungen verursacht – denn der Zeitpunkt, an dem dieser sich in den unteren Schichten der Atmosphäre ansammelt, fällt nicht mit der Blüte zusammen.

Doch leider präsentiert sich der Smog jedes Jahr in neuem Gewand, und die Emissionen hören leider nicht auf, gefährlich zu sein, sobald der Winter vorbei ist. Das Problem mit Ozon und Stickoxiden ist nicht nur auf die Stadt beschränkt, es betrifft längst nicht mehr nur meinen Garten und reicht bis in die wärmeren Jahreszeiten, also genau in den Zeitraum, in dem Blüten und Bestäuber am aktivsten sind. Dieses Phänomen wird *Photosmog* oder *Sommersmog* genannt und verursacht eine Erhöhung des Ozongehalts in den unteren Schichten der Atmosphäre. Verursacht wird er von der Reaktion zwischen den Stickoxiden, die das ganze Jahr über durch Smog entstehen, und atmosphärischem Sauerstoff. Herbeigeführt wird diese Reaktion von der Sonnenstrahlung, die natürlich gerade in den Frühlings- und Sommermonaten am stärksten ist. Dieselben Mengen an Ozon (O_3) und Stickoxiden (NO_x), die in den Experimenten für den Abbau der Lockrufe der Blüten verantwortlich waren, können in den wärmeren Jahreszeiten in der Stadt gemessen werden, aber auch auf dem Land, wohin der Wind sie verteilt.

Einige Zahlen zur Veranschaulichung: In verschiedenen Gegenden Europas werden Spitzenwerte von über 260 Mikrogramm Ozon pro Kubikmeter Luft gemessen – und in den bisher durchgeführten Untersuchungen reichte eine Konzentration von 180 Mikrogramm pro Kubikmeter aus, um den Blütenduft so weit abzubauen, dass die Bestäuber ihn nicht mehr erkannt haben und in der Luft nicht ausmachen konnten.

Der Ozongehalt in den unteren Schichten der Atmosphäre wird seit fast zwei Jahrhunderten schon vom Menschen erfasst, sodass es möglich ist, die eine oder andere Hochrechnung anzustellen und die Veränderung mit recht anschaulichen Zahlen zu erklären. Schätzungen zufolge konnte bei Anbruch der industriellen Revolution der olfaktorische Leuchtturm einer Blüte ohne weiteres über eine Distanz von mehr als einem Kilometer seine Wirkung entfalten, ohne an Signalstärke zu verlieren. Heutzutage hingegen nimmt man an, dass dieselbe Mischung von Duftstoffen kaum die 300-Meter-Marke erreicht.

Mit anderen Worten: der Wirkungsradius des duftenden Lockrufs hat sich auf ein Viertel reduziert: Nur 25 % seiner Bestandteile überschreiten diese Distanz, und einige davon verschwinden schon wenige Sekunden nach Verlassen der Blüte gänzlich, was hauptsächlich auf Dieselabgase zurückzuführen ist. Auch das Alibi des »weniger verschmutzenden Treibstoffs« kann hier nichts retten, denn die Experimente, aus denen diese Zahlen stammen, sind allesamt mit »grünem« und schwefelarmem Biodiesel durchgeführt worden. Bisher hat niemand die Auswirkungen auf die Interaktion zwischen Biene und Rosmarin gemessen, die womöglich weniger bedenklich ausfallen könnten als die bisher für andere Pflanzen und andere Bestäuber festgestellten. Für mich ist das ein recht schwacher Trost, während ich auf meinen städtischen Balkon starre. Der Frühling steht vor der Tür, und wenn die Biene nicht zu meinem Rosmarin zurückkehren sollte, ist die Liste der Verdächtigen reichlich kurz. Aber direkt daneben öffnet sich gerade eine Lilie, und ich meine gesehen zu haben, wie ihre Krone sich bewegt …

Nimm mich!

Jeder, der von Zeit zu Zeit von unbändiger Lust auf sein Lieblingsgericht gepackt wird, weiß auch, wie ärgerlich es sein kann, wenn man gerade im Restaurant seines Vertrauens Platz genommen hat, nur um feststellen zu müssen, dass eine ausgehungerte Reisegesellschaft schon sämtliche verfügbaren Portionen vertilgt hat. Wenn man die bittere Nachricht verdaut hat, bleiben einem zwei Möglichkeiten: Man kann aufstehen und sich einen anderen Wirt suchen oder die Speisekarte durchstöbern und essen, was übrig ist – während man den Mangel an warnenden Schildern, Tafeln oder irgendeinem informatischen Schnickschnack verdammt, dass das Lieblingsessen bereits ausverkauft sei. Da tröstet es auch nicht zu erfahren, dass viele Pflanzen ihren Bestäubern diesen Dienst längst erweisen, und zwar mit äußerster Präzision.

Machen wir einen Schritt zurück und begeben uns wieder in den Garten, zu einem Zeitpunkt, da Hunger und Appetit noch nicht an Bauch und Gaumen nagen. Der schwindende Winter lässt die ersten Blüten erscheinen und mit ihnen ihr Gefolge von fliegenden Bestäubern. Wenn sich im Verlauf dieses Jahres gemeinsamer Gartenarbeit unsere Wahrnehmung für vormals unsichtbare Dinge geschärft haben sollte, werden wir feststellen, dass Bienen und Hummeln ganz gezielt bestimmte Blüten ins Visier nehmen und sich ohne zu zaudern von einer Pflanze zur nächsten begeben.

Woher wissen sie, welches Restaurant noch Nektar zum Trinken und Pollen zum Knabbern serviert, und dass noch keine Reisegesellschaften mit Heißhunger eingefallen sind? Wie unterscheiden sie aus dem Füllhorn des Angebots, welche Blüte bereits ausgewrungen ist und in welcher noch ein reichhaltiges und unangetastetes Buffet wartet? Wäre sein Besuch zufällig, würde der Bestäuber Zeit und Mühe verschwenden, und auch für die Pflanze würde sich seine Effektivität durch Zwischenstopps bei bereits bestäubten oder nicht länger fruchtbaren Blüten deutlich verringern. Die Blütenkronen sind Informationstafeln, die potenzielle Bestäuber anziehen und sämtliche Handlungen koordinieren können, immer mit dem Ziel vor Augen, die größtmögliche Anzahl an Gästen anzulocken und damit auch die größtmögliche Vermischung genetischen Materials zu erzielen. Daher sind die ausgestrahlten Informationen nicht statisch, sondern extrem wandelbar und können sich dem Bedarf anpassen, das Verhalten des Insekts zu beeinflussen – zum mehr oder weniger beiderseitigen Vorteil.

Für *entomophile* (also auf die Bestäubung durch Insekten angewiesene) Pflanzen ist es beispielsweise profitabel, Bienen und Hummeln vorzugsweise zu jüngeren Pflanzen (die fruchtbarer sind) oder noch nicht bestäubten Exemplaren lenken zu können. Auch ist es nicht verkehrt, die Zeit zu reduzieren, die ein Bestäuber an einem einzelnen Gewächs mit mehreren Blüten verbringt, ihn also dazu zu bewegen, häufiger von einem Buffet zum nächsten überzugehen, weil auf diese Weise die genetische Vielfalt der Nachkommenschaft erhöht wird und jede Pflanze mehr Samen ausbildet. Um das zu bewirken, können über 500 Pflanzenarten ihre Form, ihre Farbe, ihren Duft und die Menge an Nektar in den Blüten variieren, je nachdem, ob die Blüten schon bestäubt wurden oder langsam zu alt sind. Das lässt sich auch durch eine Untersuchung der Krone mit dem bloßen Auge bestätigen. Die Färbung einer noch nicht verwelkten Blüte hängt tatsächlich mit dem Alterungsprozess zusammen und lässt sich auch bei unbefruchteten Blüten beobachten; die Bestäubung beschleunigt diesen Prozess lediglich.

Das ist der Grund, weshalb die Blüten einer exotischen Spezies wie der Gold-Weigelie (*Weigela middendorffiana*) von Gelb zu Rot übergehen und sich bei der Gattung *Tibouchina* weiße Blütenblätter lila färben, bei *Desmodium setigerum* hingegen Lila zu Weiß wird, allerdings mit der Option, im Falle unzureichender Bestäubung den Prozess umzukehren und wieder lila zu erstrahlen, während sich die Krone erneut entfaltet. *Quisqualis indica*, der Rangunschlinger, kann sogar mit einer dreifachen Veränderung auftrumpfen: Von Weiß über Rosa zu Rot, mit verringerter Nektar- und Duftproduktion, was nicht nur das Alter der Blüte anzeigt, sondern auch die Besucher aussortiert: Die erste Phase wird von Nachtfaltern bestäubt, die zweite von Bienen und die letzte von Schmetterlingen. Nachtfalter sind am effizientesten, und ihr Besuch führt am häufigsten zu

Aus Sicht des Menschen   Aus Sicht des Insekts

Innerhalb
weniger Tage
wechseln die
Kronen einiger
Pflanzenarten
die Farbe: Von
Weiß zu Lila,
von Gelb zu
Rot oder an-
dersherum. So
signalisieren
sie, welche
Blüten frischer
sind und eine
größere Beloh-
nung enthalten
und welche
hingegen be-
reits besucht
wurden

Auch beliebte
und in
vielen Gärten
wachsende
Arten wie
Viola cornuta
verwenden
diese Methode

Farben, das Aushängeschild der Blüte

einer fruchtbaren Bestäubung, während die anderen weniger treue Kunden darstellen und weniger großzügig sind und daher auch erst zu Tisch gebeten werden, wenn die Gerichte weniger exklusiv werden. Man könnte auch sagen: Für gutbetuchte Kunden ein erlesenes Mittagsmenü mit allem Drum und Dran, preisgünstiges Fast-Food für weniger wohlhabende Gäste mit entsprechend abgestimmter Werbung.

Dieses Phänomen lässt sich nicht nur bei exotischen Pflanzen fernab unserer Gärten beobachten: *Viola cornuta*, das Hornveilchen, legt eine unterschiedliche Farbintensität bei den drei unteren Blütenblättern an den Tag, je nachdem, welches Maß an Bestäubung sie bereits erhalten hat, und bietet auch entsprechend unterschiedlich viel Nektar an. Ganz ähnlich verhalten sich auch bestimmte Astern, deren Röhrenblüten in der Mitte des Köpfchens sich von Gelb zu Dunkelrot verfärben. Wie immer regelt die Strategie verschiedenste Bedürfnisse: Befruchtete Blüten werfen ihre Krone nicht sofort ab, weil ihre Farbenpracht auch weiter entfernte Insekten anziehen kann und sich somit die Sichtbarkeit der Pflanze in der Wiese, im Wald oder im Beet erhöht; die Meldung »ausverkauft« wird erst auf kürzere Distanz angezeigt. Bei einigen Lupinenarten wird das Signal beispielsweise durch einen unscheinbaren Fleck auf einem einzigen der fünf Blütenblätter gegeben, der zunächst gelb ist und lila wird, wenn die Blüte bestäubt worden oder älter als vier Tage ist – aber für das Insekt ist der Fleck erst ab einer Entfernung von 50 Zentimetern sichtbar.

So wird der getäuschte Kunde, da er nun schon einmal in der Gegend ist, sich vielleicht zu anderen Blüten derselben Pflanze begeben, die womöglich noch jünger oder noch nicht bestäubt sind, aber in jedem Fall wird sein Verhalten manipuliert. Dasselbe ist in unserem Restaurant passiert, in dem uns erst am Tisch offenbart wurde, dass unser Lieblingsessen nicht mehr zu haben war: Da wir nun schon einmal die Speisekarte in der Hand haben, bestellen wir eben irgendeine andere Leckerei. Und alle sind zufrieden.